Alle Bücher von Valija Zinck:

Drachenerwachen (Band 1 der Drachen-Dilogie)
Drachenleuchten (Band 2 der Drachen-Dilogie)
Jakob und die Hempels unterm Sofa
Penelop und der funkenrote Zauber
Penelop und die zauberblaue Nacht

Valija Zinck, 1976 geboren, arbeitete lange Zeit als Tanzpädagogin und freischaffende Choreographin, bevor sie das Schreiben für sich entdeckte. Sie lebt mit ihrer Familie in Berlin. Für ihren Roman *Penelop und der funkenrote Zauber* wurde sie für den Zürcher Kinderbuchpreis nominiert und mit der *Ulmer Unke* und dem *Goldenen Bücherpiraten* ausgezeichnet, für *Drachenerwachen* erhielt sie den Leipziger Lesekompass.

Annabelle von Sperber arbeitet seit ihrem Studium der Illustration an der HAW Hamburg sehr erfolgreich als freie Illustratorin, Autorin und Dozentin für Illustration in Berlin. Inzwischen hat sie mehr als hundert Bücher für Verlage im In- und Ausland illustriert, darunter *Penelop und der funkenrote Zauber*, *Penelop und die zauberblaue Nacht*, *Drachenerwachen* und *Drachenleuchten*.

Valija Zinck

Drachen-
erwachen

Mit Vignetten von
Annabelle von Sperber

FISCHER Taschenbuch

Aus Verantwortung für die Umwelt hat sich der Fischer Kinder- und Jugendbuch Verlag zu einer nachhaltigen Buchproduktion verpflichtet. Der bewusste Umgang mit unseren Ressourcen, der Schutz unseres Klimas und der Natur gehören zu unseren obersten Unternehmenszielen

Gemeinsam mit unseren Partnern und Lieferanten setzen wir uns für eine klimaneutrale Buchproduktion ein, die den Erwerb von Klimazertifikaten zur Kompensation des CO_2-Ausstoßes einschließt

Weitere Informationen finden Sie unter:
www.klimneutralerverlag.de

Erschienen bei FISCHER Kinder- und Jugendtaschenbuch
Frankfurt am Main, Mai 2021

© 2018 S. Fischer Verlag GmbH, Hedderichstr. 114,
D-60596 Frankfurt am Main

Satz: Dörlemann Satz, Lemförde
Druck und Bindung: CPI books GmbH, Leck
Printed in Germany
ISBN 978-3-7335-0457-1

Inhalt

1 Heimkehr 9
2 Johanns Welt 15
3 Der pinke Prinz 19
4 Düsterer Rechner 23
5 Der pinke Prinz bringt's 29
6 Süßes oder Saures 33
7 Die Geburt 37
8 Mutterherz 45
9 Unmut 51
10 Wie man einen Drachen hütet, Teil eins 55
11 Wie man einen Drachen hütet, Teil zwei 63
12 Kurmo Silfur 69
13 Stürme 75
14 Coole App 81
15 Leere 89
16 Schnee von heute 93
17 Der Anruf 99
18 Klassenrat 103
19 Das Labyrinth 109
20 Der pinke Prinz bringt's schon wieder 117

21 Auflösen! Kein Zwischenraum! Dort sein! 125

22 Jahresbilanzen 131

23 Drachenerwachen 135

24 Veränderungen 141

25 Zu kurz 147

26 Kaum ist man mal aus dem Haus 157

27 Die eine Hälfte eines Telefongesprächs 165

28 Blanke Nerven 169

29 Meldungen 177

30 Janka klettert 185

31 Rückmontage 195

32 Rückkehr 201

33 Im schönen Monat Mai 209

34 Flug durch die Nacht 221

35 In der Fremde 229

36 Black West International 239

37 Zwischenlandung 247

38 Imperialwellen 253

39 Allein 267

40 Vereinte Kraft 277

41 Geschafft 289

42 In einer neuen Welt 299

43 Secret Silence 309

Ein leiser Ton flog durch die Welt.
Der Drache hob den Kopf.
Es war wieder Zeit.
Zeit zurückzukehren.

1
Heimkehr

Es war dunkel in Berlin. Die Straßenlaternen warfen ihr trübes Licht auf die Gehwege, und das weißgraue Hochhaus mit den orangefarbenen Balkonen stand da und wartete. Es wartete auf alle, die in ihm wohnten und bald zurückkehren würden. Vom Einkaufen, von der Zirkusstunde, von der Arbeit, oder wo sie sonst ihren Tag verbracht hatten.

Dort hinten, neben den kahlen Forsythiensträuchern, tauchte schon wieder jemand auf. Es war die Frau mit dem blondgebleichten Haar aus dem achten Stock. Aber sie war nicht allein. Sie hatte einen riesigen Rollkoffer im Schlepptau. Als sie sich schließlich in das Neonlicht des

Treppenhauses schleppte, war auch deutlich die Farbe des Koffers zu erkennen. Pink!

Die Aufzugkabine roch staubig und abgestanden. Frau Tossilo zerrte ihren Koffer hinein, gab einen Seufzer von sich und drückte auf den Knopf zum achten Stock. Endlich war sie wieder zu Hause. Endlich.

Die metallenen Schiebetüren schlossen sich. Aber gerade als sie nur noch einen Spalt breit voneinander entfernt waren, schob sich ein abgelatschter dunkelblauer Jungenturnschuh dazwischen. Es quietschte, die Türen öffneten sich wieder, und das zierliche Mädchen und der etwas größere Junge von oben drängten in die muffige Kabine.

»Muss das sein«, stöhnte Frau Tossilo. Wozu bitte gab es hier den zweiten Aufzug? Nun gut, das Ding blieb öfters hängen, aber trotzdem.

»Guten Abend«, sagte Johann höflich. Er drückte auf den Knopf mit der neun, dann fiel sein Blick auf den pinkfarbenen Koffer. »Waren Sie verreist?«

»Ich wüsste nicht, was dich das angeht«, presste Frau Tossilo hervor und schaute mit ihren eisgrünen Augen direkt an ihm vorbei. Sie mochte Kinder nicht. Kleine nicht und große sogar noch weniger.

Johann zuckte mit den Schultern und sah auf den Aufzugboden.

Als sie am dritten Stock vorbeifuhren, zog Frau Tossilo sich die Lippen nach. Janka wickelte sich eine ihrer dünnen haselnussbraunen Haarsträhnen um den Zeigefinger und wisperte ihrem Bruder zu:

»Aber der Koffer ist schön, oder? So einen hätte ich auch gerne.«

»Oah, Janka! Bist du elf Jahre alt, oder bist du jetzt wieder fünf? Mit *der* Farbe ist man nach der ersten Klasse doch durch«, flüsterte Johann genauso leise zurück.

»Ich aber nicht«, kicherte Janka. »Und immerhin ist es eine Farbe. Allemal besser als deine langweiligen schwarzen Jeans und deine noch langweiligeren grauen Kapuzenpullis.«

»Die sind nicht langweilig, das ist Style«, erwiderte Johann und schubste Janka spaßeshalber ein bisschen in Frau Tossilos Richtung.

Frau Tossilo drückte den Stoppknopf. Sie musste diese Kabine sofort verlassen. Sie waren zwar erst im sechsten Stock gelandet, aber lieber würde sie in den zweiten Aufzug umsteigen, als sich noch weiter diesen albernen Kindereien auszusetzen.

Umständlich zwängte sie sich zwischen Janka und Johann hindurch und hinaus.

Die Metalltüren schlossen sich wieder, und Frau Tossilo hörte das Gekicher davonfahren.

»Wie sie geguckt hat!!!« Johann schnitt dem Aufzugspiegel eine Grimasse und wackelte vor seiner Schwester herum.

»Pst, vielleicht kann sie uns noch hören!«, flüsterte

Janka. »Und hör auf, so zu hampeln, der Aufzug bleibt sonst noch hängen.«

»Na und?«, rief Johann. »Dann hört sie uns eben. Sie kann uns doch sowieso nicht leiden! Neulich hat sie sogar die Straßenseite gewechselt, als ich ihr entgegenkam. Großes Glück für sie, dass du nicht drüben standst, sonst wäre sie glatt in der Mitte stehen geblieben.«

Janka musste lachen.

»Weißt du noch, wie sie gleich nach unserem Einzug hoch kam und gemeint hat, es sei eine Unverschämtheit, über ihrem Schlafzimmer ein Kinderzimmer einzurichten? Und dass Mama und Papa es verlegen sollten.«

»Ja, nur gut, dass Papa ihr gleich klargemacht hat, dass er das auf keinen Fall machen würde. Sonst müssten wir jetzt in der Abstellkammer wohnen.« Johann lachte jetzt auch. »Stell dir das mal vor!«

»Abstellkammer? Gute Idee!«, rief Janka begeistert. »Wie wäre es, wenn *du* ab heute dort wohnst? Zum Computerspielen brauchst du doch sowieso kaum Platz.«

»Du spinnst wohl! Du kannst selber in die Kammer ziehen, und deine ganzen Bücher kannst du auch gleich mitnehmen.«

Mit gespielter Empörung schubste Johann Janka aus der Kabine, als der Aufzug im neunten Stock hielt.

Ihre Wohnungstür öffnete sich, ehe sie ihre Schlüssel herausgekramt hatten. Die Mutter hatte sie schon kommen gehört.

»Hallo, meine beiden Großen!«, begrüßte sie sie lächelnd.

»Hi, Mama!«, riefen Janka und Johann vergnügt und traten ein. »Weißt du, was …«

Die Tür fiel hinter ihnen ins Schloss, und nur noch dumpfes Gemurmel drang hinaus.

Frau Tossilo stand immer noch unten im sechsten Stock und wartete. Der andere Aufzug kam und kam nicht. Das Lachen der Kinder flirrte nicht mehr durch die Gänge, aber sie ärgerte sich trotzdem. Am meisten darüber, dass sie ausgestiegen war.

An dem roten Pfeil auf dem schwarzen Display neben den Aufzugtüren konnte sie sehen, dass beide Aufzüge immer noch nach oben fuhren. Entweder musste sie jetzt hier im sechsten Stock übernachten oder die restlichen zwei Etagen zu Fuß emporsteigen. Grimmig wuchtete sie den pinken Koffer also Stufe für Stufe nach oben. Jetzt bereute sie ein bisschen, dass sie auf all den mexikanischen Schnäppchenmärkten so dermaßen viel eingekauft hatte.

Das Treppenhaus hallte von den Schlägen der Kofferrollen auf den abgeschlagenen Treppenstufen, und Frau Tossilo schnaufte. Als sie endlich ihre Wohnungstür erreichte, war sie ziemlich geschafft. Ihre sonst so blassen Wangen hatten sich gerötet. Sie schloss auf, ließ den pinken Prinzen – so hatte sie ihren Koffer insgeheim genannt – im Flur stehen, wankte ins Schlafzimmer und sank auf ihr Bett. Sie war sogar so aus der Puste, dass sie ausnahmsweise an gar nichts dachte. Und das kam wirklich selten vor.

Ein leichter Schlummer überfiel sie. Im Traum glitten ihr Bilder von der Reise durch den Kopf. Ein weicher Abendhimmel, der sich über das Meer wölbte. Unermüdliche Wellen, die an den Strand rollten und zu nichts zerflossen. Eine Nagellackverkaufsshow, bei der sie ordentlich zugeschlagen hatte, eine Laptopshow, bei der sie auch ein Gerät erstanden hatte, und natürlich das Bettdeckenunternehmen, dessen Verkäufer ihr unglaublich gut gefallen hatte. Deckenpeter hatte der sich genannt, Deckenpeter, ein toller Mann, wirklich ein toller Mann und ein seltsames Kratzen und ein dumpfes Pochen, es knirschte. Nanu? Was war das denn? Der dösige Zustand verschwand. Abrupt setzte Frau Tossilo sich auf.

Kratz, kratz.   *Klopf, klopf.*

Das kam nicht aus dem Stockwerk über ihr. Das kam doch von hier drin. Es klang ja ganz nah. War etwa jemand in ihrer Wohnung? Frau Tossilos Herz begann zu holpern, und ihre Hände wurden schwitzig. Sie wischte sie an dem violetten Satinbettbezug ab und zwang sich, wieder aufzustehen. Vorsichtig schlich sie zur Schlafzimmertür und spähte in den Gang. Aber dort war nur die Leere ihrer Wohnung. Alles war still.

2
Johanns Welt

Einen Stock über Frau Tossilo spähte Johann ebenfalls in den Gang. Aber nicht in die Wohnung, sondern in eine Katakombe seines neuen Computerspiels. Wie gut, dass Janka heute Abend mit der Mutter das Abendessen vorbereitete, da hatte er das gemeinsame Zimmer eine Weile für sich, konnte das Licht ausschalten, den Kopfhörer aufziehen und Skelette jagen. Oder was auch immer ihn in diesem Gewölbe erwartete. Er steuerte den Gang entlang und um eine Säule herum. Am Boden lag eine Fackel. Gut, jetzt konnte er wenigstens den ausgeleuchteten Raum deutlicher erkennen. Hilfe! Was war das? Ein Gegner? Gab es hier überhaupt Gegner? Er lauschte.

Am Anfang war das Spiel ja ziemlich öde gewesen, als der Pfad noch nicht so verwinkelt war. Aber jetzt? Er brauchte unbedingt mehr Ausrüstung. Ein Schwert auf alle Fälle. Ein Schwert war eigentlich immer gut. Damit konnte man schon ordentlich Schaden anrichten.

Dort vorne kam eine Landkarte und hinter ihm knirschte etwas. Johann schwenkte die Fackel, sah aber nur den leeren Raum. Etwas tropfte. War das Wasser? Oder etwas Schlimmeres? Oh, dieser Level war gruselig und ganz nach seinem Geschmack. Plötzlich wurde es gleißend hell. Aber nicht auf dem Bildschirm, sondern im Zimmer. Johann nahm die Hände von der Tastatur, riss den Kopfhörer herunter und fuhr herum.

»Oh, hi, Papa, du bist ja schon da!«

»Ja. Alles klar bei dir? Was machst du?«

»Ach nix«, antwortete Johann, fuhr sich durch das zerzauste Haar und wollte sich gerne wieder dem Bildschirm zuwenden.

»Aha, nix also. Und hast du schon Französisch gelernt?«, wollte der Vater wissen.

»Nö, mach ich morgen. Ich spiele gerade was.«

»Gerade? Immer wäre wohl der passendere Begriff. Du spielst doch immer gerade was.«

Johann verdrehte die Augen, aber so, dass es der Vater nicht sehen konnte.

»Nur weil ich viel vor dem Laptop sitze, heißt das noch lange nicht, dass ich die ganze Zeit spiele. Und wenn dieses Schrottding nicht so lahm wäre, dann müsste ich hier auch gar nicht so lange rummachen.«

Der Vater seufzte, dann setzte er sich auf Jankas Bett.

»Johann, wenn du dich in Französisch nicht mehr bemühst, dann schaffst du die achte Klasse vielleicht nicht. Sehr gut sein in Mathe und Physik reicht nicht.«

Johann hasste diese Gespräche.

»Ich brauche kein Französisch lernen. Französisch brauche ich nicht für mein Leben. Ich brauche es nicht für meinen Beruf!«

Der Vater seufzte. Er hatte keinen richtigen Beruf. Er hatte nur viele komische Sachen studiert und arbeitete jetzt in einem Callcenter. Und er mochte diese Arbeit überhaupt nicht.

»Ich weiß nicht, ob du mit deinen gerade mal dreizehn Jahren schon so viel von Beruf verstehst. Nächstes Jahr machst du doch das Praktikum und …« Er hielt inne, nahm Jankas Kopfkissen auf die Knie und fuhr mit dem Finger darauf herum.

»Ich werde Gamedesigner«, sagte Johann bestimmt. »Und zum Programmieren brauche ich Programmiersprachen und Englisch, und das kann ich.«

»Ja schon«, murmelte der Vater, »aber …«

»Du musst es mal so sehen, wenn ich ein Computerspiel spiele, ist das wie studieren und Praktikum in einem. Und wenn ich später gut in meinem Beruf sein will, dann muss ich jetzt am Ball bleiben.«

Der Vater lächelte schief und stand auf.

»Okay, Johann, dann sehe ich das mal so. Aber jetzt lern trotzdem Französisch und dann komm zum Essen.«

Er verließ das Zimmer, und Johann fischte widerwillig sein Französischbuch aus dem Rucksack. Noch widerwilliger klappte er den Laptop zu. Wenn er doch nur einen schnelleren Rechner hätte. Mit dieser lahmen Krücke hier konnte man keine guten Abenteuerspiele spielen. Und nach richtig aufwendig gemachten Abenteuerspielen sehnte sich Johann. Er wollte Rätsel lösen. Er wollte kämpfen. Mit Armbrust, Schwert oder Schusswaffe, ganz gleich. Erfolgreiche, spannende Kämpfe gegen herausfordernde Feinde in magischen Welten oder in …

Plötzlich hörte er ein Kreischen aus der Wohnung unter ihm. Er sah auf. Komisch, Frau Tossilo war normalerweise ziemlich leise. Er hörte sie sonst eigentlich nie.

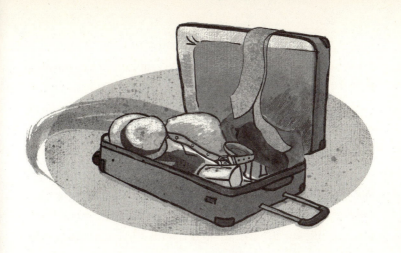

3
Der pinke Prinz

Mittlerweile war Frau Tossilo im Gästezimmer und im Wohnzimmer gewesen. Nirgends hatte es gekratzt. Niemand hatte gepocht. Die silberweißen Gardinen hingen ruhig vor den Fenstern. Das elfenbeinfarbene Ledersofa gab kein Geräusch von sich. Jetzt schlich sie in Richtung Küche.

»Hallo«, rief sie zaghaft durch den Gang. »Ist da jemand?«

Aber auch in der Küche war es still. Wenn sie doch nur nicht allein wäre, wenn sie doch einen Mann gehabt hätte, dann müsste sie sich nicht immer so ängstigen. Denn sogar die Stille kam Frau Tossilo nun verdächtig vor, als würde etwas Kraft sammeln, um dann endlich zuzuschlagen. Beklommen huschte sie zurück ins Wohnzimmer und rieb ihre Füße durch die weißen Büschel ihres Flauscheteppichs. Diese Berührung beruhigte sie meistens, wenn sie sich allzu sehr in Schauergedanken und düstere Ahnungen hineinsteigerte. Zum Glück half es auch jetzt.

Wahrscheinlich habe ich mir die Geräusche nur eingebildet. Ich habe eine lange Reise hinter mir, da sind die Nerven überreizt, dachte sie schließlich und trat ans Fenster. Sie blickte hinaus auf die nachtschwarzen Kräne der Baustelle gegenüber. Und als sie genug geblickt hatte, rief sie energisch: »Jetzt wird erst einmal ausgepackt.«

Also zog sie den pinken Prinzen ins Schlafzimmer, direkt vor ihren wandbreiten Spiegelschrank. Einmal waagrecht gekippt und den Schnappverschluss gedrückt, schon öffnete er sich. Hilfe! Was bitte war das?!!! Frau Tossilo gab einen spitzen Schrei von sich. Ein verknotetes Kleiderknäuel lag im Koffer. »Du liebe Güte! Das ist ja gar nicht *mein* pinker Prinz! Das ist ein Doppelgänger!«, stieß sie hervor und fuchtelte mit der Hand vor ihren Augen herum, als wolle sie damit das falsche Bild und den merkwürdigen Himbeergeruch, der aus dem Koffer stieg, wegwischen.

Verflixt! Sie hatte doch tatsächlich einen anderen Koffer mitgenommen!

Aufgebracht riss sie ihr Handy aus der Silberhandtasche und scrollte zu der Nummer von *Flügel und Fern-*

weh. Dieses lausige Reisebüro! Die sollten ihr sofort den pinken Prinzen organisieren. Kaum auszudenken, wo der nur gelandet war. Nicht dass diese Person, der dieser unordentliche Koffer gehörte, just in diesem Moment *ihren* Koffer öffnete. Da würde die Person ja ihren rosa Flanellbademantel zu Gesicht bekommen. Vielleicht probierte sie ihn sogar an. Oder eher gesagt: Er! Es musste ein Er sein, dem dieses Chaos gehörte, das sah man ja eigentlich gleich.

»Na, warte«, fauchte Frau Tossilo, »wenn du meinen rosa Bademantel anziehst, dann ziehe ich mir auch etwas von dir an!« Sie warf das Handy auf ihr Bett, griff tief in den Koffer hinein und zog eine Art Antenne hervor. Die konnte sie schlecht anziehen. Also fischte sie noch einmal. Diesmal war es eine graugrüne Krawatte. Hässlich, dachte Frau Tossilo, wirklich äußerst hässlich. Da fiel ihr Blick auf das, was mit der Krawatte aus dem Kleiderknäuel herausgekommen war. Eine metallene Schatulle. Handgroß, mit eingraviertem schnörkeligen Muster und mit einem kleinen Display versehen. Auf dem Display blinkte ein roter Punkt.

Frau Tossilo vergaß die Krawatte in ihrer Hand. Sie starrte die Schatulle an. Ihre Unterlippe begann zu zittern. Nicht weil die Schatulle so bezaubernd schön war oder weil sie so bedrohlich blinkte wie eine Zeitbombe, sondern weil Frau Tossilo eine abgrundtiefe Sehnsucht spürte. Eine Sehnsucht nach etwas oder nach jemand, sie wusste es nicht genau. Sie wollte, nein, sie musste wissen, was sich in dem eigenartigen Kästchen befand.

Obwohl es ihr nicht gehörte und obwohl es vielleicht sogar explodieren konnte, gab Frau Tossilio einfach eine Zahl in das Minidisplay ein. Und dann noch eine und dann eine dritte. Es waren nicht die richtigen. Die Schatulle blieb verschlossen. Egal, wie oft Frau Tossilo es versuchte.

4
Düsterer Rechner

Ein oder zwei Tage später rieb Johann sich mit der Hand übers Gesicht und stöhnte: »Das darf doch nicht wahr sein!« Dieses Schrottding von einem Rechner war doch tatsächlich schon wieder abgestürzt. Die ganzen Zeichen, die er in ihn hineingehämmert hatte, waren ihm wohl zu viel gewesen. Dabei war Johann so nah dran, etwas wirklich Einzigartiges herauszufinden. Etwas Schönes und Abenteuerliches und etwas, womit er reich werden könnte. Aber dazu brauchte er unbedingt einen besseren Computer.

»Hi, Jo!« Janka kam ins Zimmer gestürmt und ließ ihren Rucksack über den Laminatboden in die Ecke schlittern. »Kommst wenigstens du nächste Woche zu meiner Zirkusaufführung? Papa hat keine Zeit. Und Mama hat gesagt, sie versucht zu kommen, schafft es aber wahrscheinlich nicht.«

Johann antwortete nicht. Er starrte auf den schwarzen Bildschirm und rührte sich nicht.

Dass ihr Bruder in seinen Laptop verliebt war, war ja nichts Neues. Aber dass er das Ding jetzt schon anglotzte, wenn es gar nicht lief, hatte Janka bisher noch nicht erlebt.

»Ich mache eine Kür mit Lenya. Wir waren heute super synchron.«

»Interessiert mich doch nicht«, brummte Johann und glotzte weiter auf den schwarzen Bildschirm.

»Dann halt nicht«, murmelte Janka enttäuscht, strich sich ihr Haar hinter die Ohren, ließ sich auf ihr geblümtes Bett plumpsen und begann sich zu dehnen. Sie nahm ihren rechten Fuß in beide Hände, zog ihn sich hinter den Hals und dachte an das Training von heute Nachmittag. Es war so schön gewesen.

Kopfüber, in fünf Meter Höhe, war sie am Vertikaltuch gehangen. Oben in der Zirkuskuppel. Und ihre Freundin Lenya auf gleicher Höhe am Tuch neben ihr. Beide hatten sie bereits ihre weißgoldenen Aufführungsbodys angehabt.

»Sobald in der Musik dieses Pling-digi-digi-ding einsetzt, legt ihr los«, hatte Sandra, die Zirkuslehrerin, von unten gerufen, und dann hatten Lenya und sie begonnen.

Sie hatten den Rücken durchgedrückt, umgegriffen, ihren linken Fuß aus der Umwickelung gleiten lassen. Ohne sich anzusehen, fielen sie mit ausgebreiteten Armen gleichzeitig abwärts. Sie stoppten den Fall, griffen abermals um, es kam die Windmühlenfigur, dann das Zueinanderschwingen, ein weiterer Abfaller, und schließlich landeten sie federleicht und sicher auf der Weichbodenmatte.

»Einmalig super!«, hatte Sandra gestrahlt. »Super, super, super. Wenn ihr so weitermacht, könnt ihr das später professionell machen.« Janka hatte gelächelt. Ja, Tuchakrobatik war einfach das Beste, was es gab. Hoch oben, unter der Zirkuszeltkuppel, konnte sie alles vergessen. Manchmal hatte sie dort sogar das Gefühl, sie würde davonfliegen. Schade, dass das Training nur zweimal die Woche stattfand. Sie wäre gerne täglich gekommen. Hinauf in die Luft klettern, sich biegen und verdrehen, das war einfach ihr Ding. Darin war sie gut.

Noch letztes Jahr war Johann auch im Zirkustraining gewesen. Nicht bei der Tuchakrobatik, sondern beim Jonglieren. Jetzt saß er lieber vor dem Laptop, übte programmieren oder spielte. Das fand Janka schade. Sie hatte es gemocht, mit ihm zum Training zu fahren. Gern hätte sie mehr mit ihm gemacht. Sie teilten zwar das Zimmer miteinander, aber Johann befand sich ja die meiste Zeit unter einem Kopfhörer und war nicht ansprechbar.

»Kaufst du mir einen neuen Rechner?«, fragte er jetzt versöhnlich.

»Hahaha.« Janka verdrehte die Augen und wechselte die Beine hinter ihrem Hals.

»Wenn du mir einen neuen Rechner kaufst, kann ich zum Beispiel machen, dass wir nie wieder den Giftdrachen im Aufzug treffen«, sagte Johann. »Oder – viel besser: Ich könnte machen, dass dein Lehrer sich während einer Klassenarbeit in Luft auflöst und erst am Abend, wenn die Schule schon zu ist, wieder auftaucht. Das wäre doch lustig, was meinst du?«

»Erzählst du in deiner Informatik-AG eigentlich auch solchen Quatsch?«, wollte Janka wissen.»Wahrscheinlich nicht, sonst würden die Zwölftklässler dich wohl nicht ständig um Rat fragen.«

»Wirklich.« Jetzt wurde Johanns Stimme eindringlicher. »Ich habe da was rausgefunden. Ich habe etwas ganz Neues entdeckt!«

»Okay«, sagte Janka, holte ihren Fuß hinter dem Hals hervor, strich kurz die Bettdecke glatt und tat interessiert. Wenn Johann so sprach, war es besser, ihm zuzuhören, sonst würde er erst ausrasten und dann tagelang nicht mehr mit ihr reden. Und das wollte sie auf keinen Fall.

»Jetzt sag schon, was hast du herausgefunden?«

Johann begann zu erzählen, aber je länger er sprach, umso weniger verstand Janka, worum es eigentlich ging. Ihre Gedanken drifteten ab, und ihre Augen tasteten sich sehnsüchtig in Richtung Bücherregal.

»Kapiert?«, fragte Johann plötzlich.

»Äh, ja«, sagte Janka langsam und nickte zur Bekräftigung.

»Und dann könnte es sein, dass sich ein Körper quasi auflösen und woanders wieder zusammensetzen lässt. So etwas wie beamen«, fuhr Johann fort, und seine Augen funkelten.

»Gut«, sagte Janka.

»Gut? Bist du bescheuert? Das ist mega-cool!« Er sprang auf.

Schnell hüpfte Janka vom Bett und warf sich auf den Boden vor ihn. Sie rutschte mit den Knien über das Laminat, lachte und rief:

»Mein Bruder ist ein Genie! Bitte, Jo, verzeih mir, dass ich nicht genug Begeisterung gezeigt habe. Schau, ich knie vor dir und deiner unglaublichen Intelligenz.«

Johann lachte auch. Im nächsten Moment hörten sie einen Schrei durch den Fußboden.

»Siehst du«, kicherte Janka, »sogar der Giftdrache da unten jubelt dir zu. Oder glaubst du, ihr ist nur ihre Parfümsammlung explodiert?«

»Kann schon sein«, rief Johann, »und um wie viel Uhr ist das eigentlich?«

»Was?«

»Na, deine Zirkusaufführung? Ich will doch pünktlich sein!«

Janka stand wieder auf. Sie begann zu strahlen. Wieder und wieder strich sie ihre Bettdecke glatt, aber nicht um ein ordentliches Bett zu erhalten, sondern um die kribbelnde Leichtigkeit in der Brust auszuhalten. Der Abend heute war doch wirklich schön. Johann hatte ihr eben eine Art Geheimnis erzählt, sie hatten zusammen gelacht, und jetzt wollte er sogar zur ihrer Aufführung kommen. Wofür so ein abgestürzter Laptop doch alles gut sein konnte. Sie hoffte, dass ihr Vater immer in diesem schlechtbezahlten Callcenter bleiben musste und dass ihre Mutter, wenn sie ihr Pharmaziestudium endlich fertig hätte, trotzdem wenig Geld verdiente. Denn dann würden die Eltern Johann niemals einen gut funktionierenden Computer kaufen können.

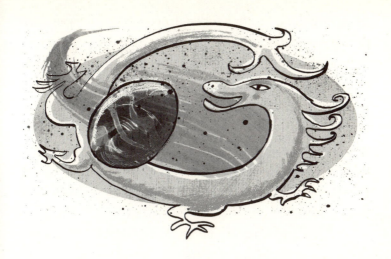

5
Der pinke Prinz bringt's

Frau Tossilo saß in ihrem Wohnzimmer auf dem Flauscheteppich und lutschte an ihrem rechten Daumen. Ihr war der Fingernagel eingerissen. Sie hatte zu sehr an der Schnörkelschatulle herumgefuhrwerkt.

»Ein eingerissener roter Daumennagel und ein rotblinkender Punkt!«, hauchte sie unheilvoll und biss kurz in den Daumen, bevor sie ihn aus dem Mund nahm. »Das bedeutet nichts Gutes! Eindeutig, das bedeutet Unglück. Eine düstere Zukunft.« Sie tippte wieder eine Nummer in das Display.

»Trotzdem«, sagte sie trotzig. Da erklang plötzlich ein leises Sirren. Etwas entriegelte sich. Frau Tossilo konnte es nicht fassen. Die Schatulle öffnete sich! Sie hatte doch tatsächlich die richtige Kombination erwischt!

Eine meergrüne Samtauskleidung strahlte ihr entgegen, und in deren Mitte war eine Vertiefung. Daraus strahlte es noch mehr, denn darin lag etwas Eiförmiges. Ein Stein.

Kein gewöhnlicher Stein. Ein Edelstein, schön glattgeschliffen. Er war leicht marmoriert, nachtblau und mit feinen goldenen Adern durchzogen, wie eine winzige Flusslandschaft. Frau Tossilo riss ihre Augen auf und saugte ihre Wangen ein. Normalerweise konnte sie Steinen nichts abgewinnen, mochten sie glitzern oder nicht. Doch dieser Stein war anders. Sie streckte ihren Finger aus und stupste ihn mit ihrem spitzgefeilten Zeigefingernagel an. Nach kurzem Zögern fuhr sie schnell und zaghaft über die Oberfläche.

Der Stein war nicht hart. Er war aber auch nicht weich. Sie konnte gar nicht sagen, was er war. Irgendwie flüchtig war er. Etwas zwischen einem prallgefüllten Gasballon und vielleicht einem Harztropfen, der eben getrocknet war.

Frau Tossilo strich noch einmal darüber, diesmal länger und mit der ganzen Hand. Sie hatte das Bedürfnis, den Stein – oder was auch immer dieses Ding sein sollte – aus der Samtummantelung herauszunehmen und ihn an sich zu drücken. Sie wollte ihn an der Brust spüren, ihn wiegen und dabei leise Töne summen, und ...

»Einen Stein presst man doch nicht an sich! Was ist nur in dich gefahren?«, schimpfte sie grob mit sich selbst und zog ihre Hand ruckartig wieder zu sich. Ihr Handy zwitscherte. Sie war froh über die Ablenkung.

»Ja, bitte?«

»Guten Taahaaag, Frau Tossilo«, flötete eine helle Frauenstimme. »Hier spricht *Flügel und Fernweh*, Ihr Traumreisebüro. Wir haben da ein paar Fragen an Sie!«

In Frau Tossilo zog sich alles zusammen. Sie hatte den Koffer eines Mitreisenden durchwühlt und gerade seine Schatulle geöffnet, und jetzt wollte ihr die Dame sicherlich mitteilen, dass ihr eigener Koffer heute aufgefunden worden war, und es würde rauskommen …

»Hatten Sie eine schöne Reise? Sind Sie wieder gut gelandet?«

»Ja, äh, danke, alles bestens«, antwortete Frau Tossilo langsam.

»Gab es irgendetwas zu beanstanden? Wir möchten unseren Service stets auf dem höchsten Niveau halten.«

»Äh, nein. Äh, doch. Also ich meine, es war schon passend.«

»Es war passend, wunderbar! Dann wünschen wir Ihnen noch einen schönen Tag und hoffen, dass Sie bald wieder mit uns buchen«, trillerte es aus dem Handy, und schon war es wieder still.

Frau Tossilo biss sich auf die Lippe. Warum hatte sie der Frau nichts von dem vertauschten Koffer gesagt? Sie wollte doch ihren pinken Prinzen wiederhaben. Und vor allem ihre Sachen. Ihren rosa Bademantel, ihre zwanzig

Nagelfeilen und die ganzen Dinge, die sie in Mexiko erstanden hatte, und ...

Sie starrte den merkwürdigen Stein an. Weil ich ihn nicht hergeben will, dachte sie. Ich habe nichts gesagt, weil ich ihn noch ein bisschen behalten möchte. Nur ein bisschen noch. Wenigstens so lange, bis sich der Besitzer meldet. Noch einmal verspürte sie den eigenartigen Wunsch, den Stein an ihre Brust zu pressen, zu wiegen und zu summen, aber mit einem energischem »Reiß dich gefälligst zusammen!!!« brachte sie sich wieder zur Vernunft. Und um die Vernunft nicht gleich wieder zu vertreiben, flitzte sie ins Schlafzimmer, verstaute die Schatulle im pinken Prinzen, klappte den Deckel zu, floh in die Küche und goss sich eine Tüte Fertigpilzsuppe auf.

6
Süßes oder Saures

Einen Tag später war Halloween. Janka war mit Lenya um die Häuser gezogen. Sie hatte überlegt, ob sie mit elf Jahren nicht langsam schon zu alt für die Süßigkeitenjagd war. Dann aber hatte sie beschlossen, dass dies nicht der Fall sein konnte. Denn ein selbstgenähtes Kostüm zu tragen war einfach toll, und Süßigkeiten brauchte man schließlich auch immer. Besonders Drachendrops. Wer die Schokobonbons in Drachenform mit salzigem Karamell innendrin nicht kennt, dem sei gesagt: Sie sind so lecker, dass einem davon Flügel aus den Rippen wachsen.

Für Drachendrops wäre Janka wahrscheinlich noch als alte Oma losgehumpelt.

Jetzt saßen die Mädchen auf Lenyas Bett, wickelten sich die Fledermaus- und die Horrortorten-Kopfbedeckung ab und teilten die Beute auf.

Lenya sortierte, was sie doppelt bekommen hatten, gleichmäßig auf zwei Lager. Nach einer Weile gab es dann nur noch Einzelstücke, und sie rief:

»Also, ich nehme den Riegel hier, und du kannst dafür die Packung Brausewürfel haben, okay?«

Janka nickte.

»Und kann ich die Kaubonbons? Magst du dafür Lakritz?«

»Äh«, sagte Janka. »Ja, gut.«

»Und fändest du es okay, wenn ich die behalte?«, fuhr Lenya fort und hob das kleine Tütchen mit den Drachendrops hoch. »Du weißt ja, dass Mia krank ist und heute nicht rausgehen konnte. Mama hatte ihr so ein süßes Kostüm genäht, und sie hatte sich so gefreut, und dann musste sie diese blöde Magendarmgrippe bekommen. Ich würde sie einfach gerne ein bisschen aufheitern. Und mit was geht das bei einer kleinen Schwester besser als mit Drachendrops?«

Janka starrte auf ihr nicht gerade kleines Süßigkeitenlager und auf die geliebten Drachendrops, die verlockend und fragend in Lenyas Fingern schwangen.

»Mia steht einfach dermaßen auf die Dinger. Sie würde sich so drüber freuen«, meinte Lenya.

»Klar, okay, gib sie ihr ruhig.« Janka lächelte

»Cool. Und willst du sonst noch was Bestimmtes? Die Centershocks zum Beispiel?«

»Nee, danke. Ich nehme noch ein paar Kaugummis, und dann muss ich auch langsam mal nach Hause.« Also verabschiedeten sich die beiden Freundinnen, und Janka machte sich auf den Heimweg.

Als sie im Hochhaus in den Aufzug trat, begann es in ihrem Bauch zu ziehen. Als sie im neunten Stock angekommen war, hatte sich das Ziehen in Bauchweh verwandelt. Janka legte die Hände drauf. Warum nur hatte sie Lenya nicht gesagt, dass sie die Drachendrops selbst gerne haben wollte? Sie hatte einfach ja gesagt, nett gelächelt und Lenyas Schwester die Bonbons überlassen. Ihre Lieblingsbonbons!

Sie war froh, als sie die Wohnungstür aufschloss und ihre Mutter aus der Küche pfeifen hörte.

»Hallo, Süße, ich bin heute ausnahmsweise schon früher da, ich habe die Zwischenprüfung bestanden, und wie war's bei dir, und wie geht's, und rate mal, was es heute gibt?«

Janka musste nicht raten. Die Pizza duftete durch die ganze Wohnung.

Johann hatte bereits in der Küche den Tisch gedeckt, der Vater eine Sekt- und eine Saftflasche aufgemacht. Und so saßen sie wenige Minuten später zusammen, stießen an und ließen sich die Pizza schmecken. Als Johann sie irgendwann fragte: »Hast du ordentlich abgesahnt? Ich wäre dankbar für eine Spende. Bin auch gar nicht wählerisch. Du kannst Schokolade, Brause, Gummischlangen oder was auch immer bei mir abliefern«, musste Janka kichern. Und als der Vater wissen wollte, ob sie und Lenya Spaß gehabt hätten, merkte Janka, dass das Bauchweh sich bereits wieder in Luft aufgelöst hatte.

7
Die Geburt

In dem Einkaufskomplex, in dem Frau Tossilo arbeitete, herrschte immer reger Betrieb. Frau Tossilo war fünfmal hintereinander zur *Verkäuferin des Jahres* gekürt worden, weil sie von allen Schuhfilialen Berlins die meisten Schuhe verkauft hatte. Bei ihrer Arbeit war sie nämlich stets die Freundlichkeit in Person. Die Leute kauften gerne bei ihr ein, obwohl Frau Tossilo ihnen das Gefühl gab, dass sie ohne vier Paar neue Schuhe kein glückliches Leben führen konnten.

Seit einigen Tagen aber verkaufte Frau Tossilo keinen einzigen Schuh mehr. Sie stand im Laden herum und war nicht wirklich anwesend. Immerzu dachte sie an den wundersamen Stein, der zu Hause auf sie wartete. Sie wollte ihn ansehen, ihn berühren, in seiner Nähe sein.

»Haben Sie die Goretexstiefel auch in Größe vierzig?«, fragte eine Kundin.

»Was?«, fragte Frau Tossilo.

»Größe vierzig? Diese Stiefel hier?«

»Wieso?«, fragte Frau Tossilo.

»Wieso? Na ja, neununddreißig ist mir zu klein, einundvierzig zu groß, deshalb eben«, meinte die Kundin etwas irritiert.

Frau Tossilo sagte nichts, sondern starrte nur abwesend auf die Stiefel. Die Kundin schüttelte den Kopf, murmelte noch etwas und verließ das Geschäft.

Um die Mittagszeit stand Frau Tossilo immer noch am selben Platz. Sie ging weder zum Essen zu *Happy Chicken,* noch ging sie in die Drogerie, um neue Lippenstifte zu erstehen. Erst als ihre Kollegin sie fragte, »Sagen Sie mal, was ist eigentlich mit Ihnen los?«, begann Frau Tossilos Gehirn langsam wieder Gedanken herzustellen. Dieser Stein hat mich verhext!, dachte sie. Und: So zauberhaft er ist, er gehört mir nun mal nicht! Ich muss ihn zurückgeben!, dachte sie auch.

Endlich war es Abend und der Arbeitstag vorüber. Frau Tossilo schloss ihre Wohnungstür auf. Kaum hatte sie ihren weißen Mantel auf den Bügel gehängt, erschrak sie. Da war wieder dieses eigenartige Kratzen und Pochen von neulich. Sie bekam eine Gänsehaut. Das Geräusch kam aus dem Schlafzimmer. Mit klopfendem Herzen schlich sie zur Küche. Lautlos nahm sie eine Bratpfanne vom Haken.

Kratz, kratz, poch, poch.
Sie pirschte zum Schlafzimmer und spähte hinein.
Weder den Koffer noch die Schatulle hatte sie heute Morgen zugemacht. Der fremde Stein lag unberührt auf dem meergrünen Samt und sah wunderschön aus. Bei seinem Anblick vergaß Frau Tossilo die schaurigen Kratzgeräusche sofort wieder. Und sie vergaß auch, dass sie am Nachmittag eigentlich beschlossen hatte, den Stein zurückzugeben.

Jetzt war ihr, als würde ein Funken aus dem Stein zu ihr herausschimmern. Ihr winken, sie rufen. Sie zu sich locken.

Sie ließ die Bratpfanne sinken, seufzte wohlig und ließ sich neben dem Koffer nieder.

Ihr Handy zwitscherte. Das Display zeigte eine ausländische Nummer.

Nicht rangehen, flüsterte eine Stimme in Frau Tossilo. *Ja nicht rangehen.* Dieser Anrufer konnte der Steinbesitzer sein. Was, wenn er einen Rückgabetermin für den Koffer vereinbaren wollte? Und vor allem für den Kofferinhalt? Ein flaues Gefühl strich durch ihren Bauch und zog sich unter ihrem Nabel zusammen.

Erst jetzt bemerkte Frau Tossilo, dass der Stein einen feinen Riss bekommen hatte. Genauer gesagt, drei Risse.

»Du liebe Güte!!! Wie ist das passiert?«, flüsterte sie.

Da ertönte wieder das Kratzen. Das kam ja aus dem Stein! Frau Tossilo spang auf. Der Stein begann zu wackeln. Erschrocken wich sie zurück.

Kratz, kratz, knirsch.

Jetzt begann das Ding zu vibrieren, machte einen Ruck und schließlich einen Satz in die Luft. Für eine Sekunde war es, als stünde die Zeit still. Der Stein hing in der Luft, als hätte er die Orientierung verloren.

Dann knackte er laut, fiel zurück – KRAWACKS – und zerbrach.

Schwarze, zähflüssige Soße quoll hervor. Augenblicklich roch es im ganzen Zimmer äußerst merkwürdig. Abwechselnd nach Holz und Metall. Dann nach feuchtem Gras und irgendwie auch nach Tankstelle.

»Du liebe Güte. Was? Was?!«, stammelte Frau Tossilo. Weiter kam sie nicht. Die obere Steinhälfte wurde vulkanartig zur Zimmerdecke geschleudert und blieb dort kleben. In der unteren Steinhälfte aber, oder, besser gesagt, in der schwarzen Soße, wurde ein sich windender Körper sichtbar! Nachtblau, goldgeädert, nass und glitschig. Er schüttelte sich. Die schmierigen Tropfen flogen nach allen Seiten. Frau Tossilos helle Seidenbluse verwandelte sich in ein schwarzgesprenkeltes Batikteil.

»Igiiiiiitt!!!«, kreischte sie angewidert. Das Wesen – es sah ein wenig aus wie eine schleimige Eidechse oder wie ein Alligator mit geschlossenen Augen – hielt inne.

Es reckte sich und lauschte dem »Igitt« hinterher. Witternd hielt es seine Schnauze in die Luft und kletterte dann mit großer Mühe aus dem zerbrochenen Steinrest heraus. Auf dem meergrünen Samt angekommen, wischte es sich mit den Vorderfüßen übers Gesicht, bis es frei von schwarzer Soße war. Dann drehte es sich in Frau Tossilos Richtung, zog leise fiepend Luft ein und schlug die Augen auf.

Rund und schwarz mit einem bernsteinfarbenen Strahlenkranz und schön waren sie. Und wild! Und sie blickten direkt in Frau Tossilo hinein. Dann öffnete sich das Maul. Kleine, gefährlich aussehende Reißzähne kamen zum Vorschein, und ein gurgelnder Laut ertönte. Klang wie Mmmu! Mmmu!

Frau Tossilos Mund ging auch auf, aber bei ihr kam kein Laut heraus.

»Mmmut! Mmmut!« Das Alligatorwesen machte ein paar Schritte auf sie zu, »Mmu! Ta! Mu! Ta!«

Was passierte hier nur?

»Mu! Ter!«, gurgelte das Geschöpf jetzt eindringlicher. Es rollte seine runden Augen. Was wollte es?

»Mutter.«

Mutter? Du liebe Güte. War hier etwa auch noch die Mutter von diesem Echsenvieh unterwegs? Frau Tossilo schauderte.

»Mutter, da!« Das blaugoldene Tier machte eine schnelle Bewegung mit seiner Schnauze in ihre Richtung.

Erschrocken fuhr Frau Tossilo herum. Aber hinter ihr stand nur der Spiegelschrank, keine Echsenmutter.

»Mutter da. Mutter du!«

»Ich nix Mutter«, stotterte Frau Tossilo. Jetzt gingen ihre Nerven durch. Was tat sie denn da? Sie sprach mit dieser Kreatur! Als wäre sie tatsächlich im Raum.

»Beruhige dich«, sagte Frau Tossilo zu sich selbst. »Ganz ruhig. Ganz ruhig.« Sie krallte sich mit der einen Hand in die andere, um das letzte bisschen Ruhe am Verschwinden zu hindern. »Ich gehe jetzt in die Küche, schenke mir ein Gläschen ein und atme mal durch. Das, was ich hier vor mir sehe, ist nur eine Ausgeburt der Phantasie. Es! Ist! Nicht! Echt! Hörst du? Es kann nicht echt sein. So etwas gibt es nämlich nicht!«

Bebend verließ sie das Schlafzimmer, ohne sich noch einmal umzudrehen, und wollte in die Küche gehen, als es an der Wohnungstür klingelte. Normalerweise mochte Frau Tossilo nicht, wenn man bei ihr klingelte, aber diesmal war sie froh. Ganz gleich, wer es war, es war gut, jetzt jemanden zu sehen, um sich wieder zu beruhigen. Sie öffnete, ohne durch den Spion gesehen zu haben.

»Guten Abend«, sagte Johann.

»Wir wollten fragen ...«, begann Janka.

»Uuuuuuooooo!!!«, jaulte es aus dem Schlafzimmer.

Frau Tossilo riss die Hände nach oben und presste sie auf ihre Ohren. »Ich habe schreckliche Kopfschmerzen«, behauptete sie.

Die Kinder starrten sie an.

»Was, was war das??«, fragte Johann völlig verwirrt.

Aber die entsetzte Frau Tossilo hielt sich ja die Ohren zu. Sie hörte ihn nicht.

»Uuuuurrrrr!«

»Was jault denn da so schrecklich?«, wollte Johann wissen.

Frau Tossilo zog den Kopf zwischen die Schultern und presste die Lippen aufeinander. Das Jaulen aus dem Schlafzimmer drang trotz zugehaltener Ohren zu ihr durch.

»Gehen Sie doch hin! Das hört sich ja schlimm an«, rief Janka, so laut sie konnte, aber die Nachbarin reagierte nicht. Das hielt Janka nicht länger aus. Kurzerhand duckte sie sich, tauchte unter Frau Tossilos Ellbogen durch und rannte in die Richtung, aus der die schauerlichen Rufe kamen.

»Halt!«, schrie Frau Tossilo, immer noch unfähig, sich zu rühren. »Das geht nicht!«

Aber da zwängte sich auch schon Johann an ihr vorbei und stürmte seiner Schwester hinterher.

Frau Tossilo ließ ihre Hände sinken. »Kommt sofort zurück!« Sie wollte am liebsten sterben. Jetzt sofort auf der Stelle wollte sie tot sein. Sie litt offensichtlich unter schlimmen Wahnvorstellungen. Und nun waren auch noch diese schrecklichen Kinder in ihre Wohnung eingedrungen. Mit letzter Kraft hauchte sie:

»Verschwindet!«

»Muuuuuaaaaaaaaaa!!!«

Plötzlich dämmerte es Frau Tossilo, dass die Kinder vielleicht in ihre Wohnung gepprescht waren, weil sie die jaulenden Töne auch vernommen hatten? Das würde ja bedeuten, dass sie doch nicht verrückt war.

Die Kinder waren im Türrahmen des Schlafzimmers stehen geblieben. Gebannt schauten sie ins Zimmer hinein. Nun schlug Janka die Hände vor den Mund und machte einen kleinen Schritt zurück. Das blaugoldene Geschöpf war aus der Schatulle geklettert, hatte sich durch die Kleider im Koffer gewühlt und war von der Kofferkante auf den auberginefarbenen Teppichboden gefallen. Es drehte sich verzweifelt um sich selbst, als hätte es sich verletzt. Doch als es Frau Tossilos Gesicht zwischen den Kinderköpfen auftauchen sah, entspannte es sich schlagartig. Es setzte sich auf seine Hinterbeine, zog seine Mundwinkel nach oben und seufzte selig: »Meine Mutter«.

8
Mutterherz

Wer weiß, was in Frau Tossilo vorging. Vielleicht war das selige Seufzen so fein gewesen wie ein Traum und konnte deswegen direkt in sie hineingleiten.

Frau Tossilo glitt jedenfalls nun zwischen den Kindern durch. Schnurstracks ging sie auf das geschlüpfte Wesen zu, bückte sich und nahm es auf den Arm. Das Wesen rieb seine Schnauze an ihrer bespritzten Bluse, verdrehte die Augen und war im nächsten Moment eingeschlafen. Nur noch ein leises Gurgeln gab es von sich.

Frau Tossilo strich ihm leicht über den glitschigen Kopf und den schmierigen Rücken. Sehr behutsam und mit einer Selbstverständlichkeit, als hätte sie nie etwas anderes getan. Der zarte Körper drückte sich an sie. Unter der weichen, blaugoldenen Haut schlug ein kleines Herz. Ruhe und Beständigkeit strömten in Frau Tossilos Hände hinein und breiteten sich in ihr aus. So wohl hatte sie sich schon lange nicht mehr gefühlt, oder vielleicht hatte sie sich noch nie so gefühlt.

Erst nach einer ganzen Weile erinnerte sie sich, dass da ja noch die beiden Kinder aus dem Neunten im Türrahmen herumlungerten. Die starrten ihr ja die ganze Zeit auf den Rücken. Ihre Ruhe verflüchtigte sich wieder. Diese Störenfriede sollten sich verdünnisieren. Abrupt drehte sie sich um.

»Was glotzt ihr denn so?«

»Sie, Sie haben einen … ist das … es sieht aus, also, ich meine, es sieht tatsächlich aus, Sie haben einen D-D-Drachen?!«, sagte Janka ungläubig, aber mit leuchtenden Augen und mit Bewunderung in der Stimme.

»Wieso soll das bitte ein Drache sein?«, fragte Frau Tossilo barsch.

»Weil, weil, na, weil er aussieht wie einer«, meinte Johann nicht weniger perplex als Janka.

»Woher wollt ihr bitte wissen, wie Drachen aussehen? Hm? Habt ihr etwa schon einmal einen gesehen? Oder bringen sie euch so einen Quatsch heutzutage in der Schule bei?« Frau Tossilos Stimme wurde lauter. »Und jetzt verschwindet! Einfach so bei mir einzudringen! Anzeigen sollte ich euch!«

Janka wollte gehen, aber Johann ließ sich nicht beeindrucken. Auf dem Arm ihrer Nachbarin lag schließlich ein Geschöpf, das tatsächlich aussah wie ein schlafendes Drachenbaby! Echt und lebendig. Da würden sie doch jetzt nicht einfach nach Hause gehen. Anzeige hin oder her.

»Wo, wo haben Sie ihn ... wie kommen Sie zu ...?«, stotterte er.

»Dürfen wir ihn streicheln? Nur einmal? Ganz kurz?«, wagte Janka zu fragen.

»Ihr dürft hier überhaupt nichts!« Jetzt wurde Frau Tossilio richtig wütend. »Eure Hintern aus meiner Wohnung bewegen, das dürft ihr!«

Und als die Kinder nur zögerliche Anstalten machten, raste sie an ihnen vorbei, riss ihre Wohnungstür auf und brüllte: »Raus!!!!«

Da schreckte das kleine Geschöpf auf ihrem Arm zusammen. Es gab einen schnarrend winselnden Ton von sich und schaute verstört zu ihr hoch.

»Da habt ihr es! Jetzt habt ihr ihn aufgeweckt!«, knurrte Frau Tossilo. Sie gab gerne anderen die Schuld an Dingen, die sie selbst angerichtet hatte. Doch dann entspannte sich ihr Gesicht wieder, und sie sagte sanft nach unten: »Schlaf nur schön weiter.«

Aber das Wesen schlief nicht schön weiter. Es begann nun zu zappeln und zu strampeln und riss sein Maul auf, so dass wieder die reißscharfen Zähnchen sichtbar wurden. Sie leuchteten weiß, wie Wolken an einem lieblichen

Sommertag. Doch wie es damit um sich schnappte, war gar nicht lieblich. Beinahe hätte es Frau Tossilos Daumen erwischt.

»Lassen Sie ihn lieber runter«, sagte Johann etwas besorgt.

Frau Tossilo grunzte abfällig, setzte das Geschöpf aber in den Koffer. Es wühlte sich durch die Kleider, als suchte es etwas. Vor und zurück und wieder vor. Dann hielt es inne, witterte, und schlagartig biss es zu.

ZISCHHH machte eine Deospraydose. Das Geschöpf musste sofort niesen. Es begann zu röcheln. Es versuchte sich die Dose von den Zähnen zu reißen, aber sie klemmte fest. Immer heftiger zerrte es und schlug dabei den kleinen Kopf hart an den Kofferrand. Das konnte Frau Tossilo nicht mit ansehen, gefährliches Maul hin oder her. Sie bückte sich, packte mit der einen Hand das zierliche Genick und mit der anderen das Deo. Knirschend löste sie das Weißblech aus den Zahnreihen.

Das Geschöpf atmete auf und legte ermattet seinen Kopf auf Frau Tossilos Handrücken.

»Ich glaube, er hat Hunger«, meinte Johann.

»So. Glaubst du«, brummte Frau Tossilo, »dann geh in die Küche. Im Kühlschrank liegt ein halbes Hähnchen!«

Der blaugoldene Kopf hob sich leicht.

»Fresse nur Burtelsur. Oder auch Brennnesseln.«

»Oh«, sagte Frau Tossilo. Sie hatte natürlich keine Brennnesseln. Und was Burtelsur war, wusste sie nicht.

»Grünes Gemüse ginge auch.«

»Habe ich nicht«, sagte Frau Tossilo bedauernd. »Ich habe kein grünes Gemüse. Auch kein rotes, weißes oder gelbes.«

»Muss verhungern. Muss sterben. Muss weg von meiner Mutter.« Die dunklen Augen wurden wässrig und schlossen sich langsam.

Da raste Janka schon zur Tür hinaus. Wenig später war sie wieder da. In den Händen hielt sie eine Tüte Feldsalat und die grünen Blätter einer Lauchstange.

Man konnte gar nicht so schnell schauen, wie das Grünzeug dann auch schon wieder weg war.

»Danke, Freundin. Danke. Drachen brauchen viel Grün. Viel Grün und einen Namen.«

9
Unmut

»Ist sie bescheuert? Oder ist sie total komplett bescheuert?« Johann lag fassungslos in seinem Bett.

»Reg dich ab«, sagte Janka. »Und vor allem, sei nicht so laut.« Sie drehte sich auf die Seite und wünschte sich, dass ihr Bruder sich endlich beruhigte. Sie wollte mit ihm sprechen. Über das Unfassbare, was sie heute erlebt hatten. Doch wenn er nur krakeelte, ging das ja nicht.

»Aber, ich meine, halloo? Da hat sie, woher auch immer, plötzlich einen echten Drachen in der Wohnung, das ist ja schon krass genug, das reicht ja schon, und dann *Kurtchen*? Geht's noch?«

Janka schwieg.

»*Kurtchen?* Das ist doch kein Name! Das ist eine Zumutung!«

Die Mutter kam ins Zimmer.

»Leute, was ist hier eigentlich los?! Es ist super spät, und ihr redet immer noch. Morgen ist Schule!«

Schule hin oder her. Wenn Frau Tossilo so unmöglich war und einer majestätischen Kreatur, einer nachtblau goldenen Kreatur einen Namen wie Kurtchen verpassen wollte, musste Johann sich doch aufregen. Das konnte er doch nicht einfach so hinnehmen.

»Wenn hier jetzt nicht gleich Ruhe ist, kassiere ich dein Handy und deinen Laptop ein!«, teilte die Mutter Johann trocken mit.

Er schluckte. Er spürte Wut in sich aufsteigen. Er schluckte noch mal. Die Mutter verließ das Zimmer.

»Wenigstens ohne das ›chen‹«, überlegte Johann leise, »Kurt wäre nicht ganz so albern. Aber trotzdem noch doof genug. Wie kommt sie nur auf so etwas Abartiges? Ein Drache muss doch *Morgolit*, *Silfur* oder wenigstens *Quarzauge* heißen.«

»Ich nenn dich gleich nur noch Quarzauge«, flüsterte Janka. »Wenn du nicht endlich aufhörst zu zetern.«

Johann wollte nicht still sein, er wollte sich aufregen. Der Drache konnte sich schließlich nicht wehren. Er war ja noch zu klein dazu. Aber er würde ja auch mal groß werden. Und dann wäre es zu spät. Dann hätte der Name sich schon in ihm festgesetzt. Der Drache würde mit glühenden

Augen und weit aufgespannten Flügeln den Himmel verdunkeln. Und die Leute würden rufen: »Ach, da kommt ja Kurtchen.«

Wenn das nicht schlimm war! Johann beschloss, dass er den Drachen vor dieser Schmach bewahren musste.

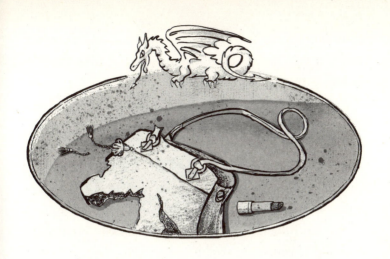

10
Wie man einen Drachen hütet, Teil eins

Es war der nächste Morgen. Frau Tossilo hielt sich die Nase zu. Nicht weil es in ihrer Wohnung absonderlich gestunken hätte, sondern weil sie die Filialleiterin des Schuhladens anrief:

»Ich kann auf keinen Fall zur Arbeit kommen«, stöhnte sie ins Handy. »Nein, die ganze Woche nicht. Schrecklicher Schnupfen, und die Nebenhöhlen sind auch dicht.«

Die Filialleiterin meinte, dass man das ja ganz deutlich hören könne, wünschte gute Besserung und verabschiedete sich.

Frau Tossilo ließ ihre Nase wieder los. Zur Arbeit musste

sie schon mal nicht. Sie ging zurück ins Schlafzimmer. Kurtchen lag eingerollt auf ihrem violetten Satinkopfkissen und gurgelte leise vor sich hin.

Behutsam nahm Frau Tossilo auf ihrer Bettkante Platz und betrachtete, wie der blaugoldene Brustkorb sich langsam hob und senkte.

Ein Drache war in ihr Leben gekommen, und sie wunderte sich gar nicht. Nur Zuneigung spürte sie. Entzückt zählte sie die kleinen metallisch blauen Krallen, die aus den runden Füßen herausragten, und lächelte. Acht. Ihre Glückszahl. Vorsichtig wollte sie den Drachen auf ihren Schoß nehmen, da fiel ihr ein, dass sie ja zum Einkaufen musste. Und zwar schleunigst. Sicherlich würde Kurtchen bald aufwachen, und dass er dann Hunger hatte, war zu erwarten.

Ihre Erwartung erfüllte sich. Gerade als Frau Tossilo das Portemonnaie in ihre Silberhandtasche packte und die Wohnung verlassen wollte, ging es los:

»Uuuuuuaaaa!!!«

Die Drachenstimme war viel tiefer und kräftiger als gestern. Fast rauschte sie durch den Gang wie ein warmer Wind.

»Uuuuurrrrrr!!!!!!!!«

»Ich komme ja schon. Ich bin schon da.« Frau Tossilo eilte ins Schlafzimmer zurück. Der Drache schlug aufgeregt mit seinen verklebten Flügeln und torkelte übers Kopfkissen.

»Uh«, seufzte er leise, als er sie erblickte, »habe Burtelsur. Habe sooo Burtelsur-Hunger.«

»Ja, ja, ja. Ich bin schon unterwegs. Ich flitze gleich zum Supermarkt und kaufe grünes Zeug«, erklärte Frau Tossilo. Die Mundwinkel des Geschöpfes zuckten. Die kleinen Flügel vibrierten und flatterten emsig am Rücken herum.

»Komme mit«, schnaubte er, und die dunklen Augen glänzten, »muss die Flügel noch auseinanderbekommen, bin gleich so weit.«

»Äh, ich glaube nicht, dass das eine so gute Idee ist«, wandte Frau Tossilo ein. »Ich gehe jetzt schnell alleine, und ich bin auch gleich wieder da!«

»Muss alleine sein? Ganz alleine?« In den Drachenaugen flackerte Angst auf und wuchs, so dass die Schuppen sich kräuselten. Der Drache begann, sich zu winden und mit den Füßen zu scharren. Verzweifelt wischte er sich übers Gesicht, doch zwischen seinen Tatzen quollen schimmernde Tränen hervor, da half kein Wischen.

»Aber, also«, rief Frau Tossilo bestürzt, setzte sich aufs Bett und streckte die Hände nach dem schluchzenden Tier aus.

»Ich gehe ja nicht. Ich bin ja noch da.«

»Habe Hunger«, fiepte der Drache leise. Aus seinen zartbeschuppten Nüstern begannen grüne Dampffäden emporzusteigen.

Es hilft nichts, dachte Frau Tossilo. Ich muss los. Und

er muss mit. Vorsichtig nahm sie ihn hoch und steckte ihn kurzerhand in ihre silbrige Handtasche. Aus der Tasche war erleichtertes Seufzen zu hören. Von der Türglocke hingegen ein schrilles DRRRRRR.

»Das darf doch nicht wahr sein, jetzt kommt auch noch wer!«, fluchte Frau Tossilo, rannte samt Drachentasche zur Tür und lugte durch den Spion. Im Neonlicht des pfützenfarbenen Hausflurs stand ein unrasierter Mann mit einer Sackkarre. Auf der Sackkarre befand sich eine riesige kieselgraue Kiste.

»Ja, bitte?«, fragte Frau Tossilo angespannt durch die Tür.

»Murx?«, fragte es aus der Tasche.

»Frau Tossilo?«, fragte es durch die Tür zurück.

»Du musst jetzt ruhig sein, um Himmels willen. Mucksmäuschenstill!«

»Bin kein Mäuschen«, knurrte der Drache.

»Ganz gleich, sei ruhig jetzt.«

»Ihre Bettdecken sind da. Eine Unterschrift, bitte«, dröhnte es von draußen.

»Ach so!«, rief Frau Tossilo. Sie hatte sich in Mexiko bei der Verkaufsshow des Deckenpeters nämlich ziemlich viele Bettdecken andrehen lassen. Und heute war der Liefertermin. Den hatte sie vergessen.

»Habe Hunger«, fiepte der Drache.

»Einen Moment«, rief Frau Tossilo, die zu schwitzen begann. Sie raste ins Wohnzimmer, legte die Silbertasche samt Drachen auf die Ledercouch, lief wieder zur Tür und öffnete.

»So, ja, äh, guten Tag, nur herein, nur herein, Sie bringen die Decken, wie schön, ich musste eben noch – kommen Sie doch rein, stehen Sie nicht rum, ja, am liebsten stellen Sie sie hier hin, wo muss ich unterschreiben?«

»Aaaaaarrrr!!!!«

»Oh, das Baby«, rief Frau Tossilo viel zu laut und fuhr sich über die schweißfeuchte Stirn. »Jetzt geben Sie schon den Stift her. Beeilen Sie sich doch, das Baby schreit.« Hastig kritzelte sie einen Schnörkel auf die Empfangsbestätigung und bugsierte dann den leicht irritierten Paketboten recht flugs wieder zur Tür hinaus.

»Aaaaaarrrrruuu!!!«

Sie düste ins Wohnzimmer, ihre Wangen glühten.

»Ich bin schon da, mein Schatz. Sei jetzt leise. Wir gehen ja gleich los. Alles wird gut.« Sie holte tief Luft und straffte sich. Aber als sie wenig später die Wohnungstür aufriss, machte es *Ratsch*. Und dann machte es *Plumps*.

Die Drachenkrallen hatten die Tasche zerfetzt. Frau Tossilo hielt nur noch den Silbergriff in der Hand, und der Drache krümmte sich auf den kalten Hausflurfliesen.

Erschrocken nahm sie ihn wieder hoch, rannte zurück in ihr Schlafzimmer, stopfte kurzerhand zur Stabilisierung ein paar Schuhe in eine andere Handtasche, den Drachen obendrauf, und verließ die Wohnung erneut.

Als sie auf den Fahrstuhlknopf drückte, begann es aus

ihrer Tasche zu qualmen. Aus den Ritzen des Reißverschlusses stieg zartgrüner Dampf, verdichtete sich zu einer Wolke und hüllte das halbe Stockwerk ein. Sollte sie doch besser kehrtmachen? Da machte es *Pling,* und der Aufzug kam an. Und mit ihm ein etwas schiefschultriger Mann und Janka und Johann, die aus der Schule kamen.

»Können Sie mir sagen, welche Wohnung den Tossilos gehört?«, erkundigte sich der schiefschultrige Mann.

»Diese!« Frau Tossilo zeigte auf ihre cremefarbene Wohnungstür. »Und es handelt sich dabei um meine.«

»Ihr Dörrobstgerät ist da. Bitte unterschreiben Sie hier«, teilte ihr der Mann mit und reichte ihr sowohl ein flaches Paket als auch das Unterschriftengerät.

Frau Tossilo war in Mexiko nämlich auch bei der Dörrobstgerätverkaufsshow gewesen.

Sie musste die Drachentasche abstellen. Hastig kritzelte sie ihren Schnörkel auf das Display, während Johann aus dem Aufzug trat.

»Wo kommt denn dieser grüne Nebel her?«

»Ich sehe keinen grünen Nebel«, zischte Frau Tossilo und versuchte, die Tasche hinter ihren Beinen zu verbergen.

Jetzt verließ auch Janka den Fahrstuhl.,

Nur den Lieferanten interessierte der Nebel nicht im Geringsten. Er verabschiedete sich und fuhr wieder nach unten.

»Was spioniert ihr mir nach?« Frau Tossilo nahm die Tasche wieder an sich.

»Wir spionieren doch gar nicht. Haben Sie ihn da drin?«, fragte Janka und sah auf die dampfende Tasche. »Wollen Sie etwa so nach draußen?«

»Das geht dich nichts an«, sagte Frau Tossilo knapp. Sie ärgerte sich, dass der Aufzug jetzt wieder weg war.

»Ich finde das keine so gute Idee«, meinte Johann.

»So? Findest du? Habt ihr etwa schon einmal einen ganzen Vormittag lang auf ein Drachenjunges aufgepasst? Hm? Auf ein Geschöpf, das man nicht alleine lassen kann, das aber unglaublichen Hunger hat? Wie soll ich, bitte schön, bei ihm bleiben und gleichzeitig etwas zu essen besorgen? Da fällt dir jetzt auch nichts mehr ein.«

Der grüne Dampf hatte sich nun schon so verdichtet, dass sie sich gegenseitig nur noch verschwommen sehen konnten. Und die Flurwände waren schon gänzlich verschwunden.

»Wir haben noch keinen ganzen Vormittag lang auf ein Drachenjunges aufgepasst«, sagte Johann und ging zum Flurfenster. Er öffnete es, der Dampf verflüchtigte sich ein wenig, und Johann streckte seine Hand nach der Handtasche aus, »aber wir *könnten* einen ganzen Nachmittag lang auf es aufpassen. Wir könnten uns kümmern. Und Sie könnten einkaufen gehen.«

Frau Tossilo wollte am liebsten sagen, *Das würde dir so passen, du neunmalkluger Quadratkopf*, doch sie biss rechtzeitig die Zähne aufeinander und brummte stattdessen: »Sind eure Eltern etwa nicht da?«

»Mama kommt oft erst spät und Papa eigentlich auch«, gab Janka Auskunft.

Frau Tossilo zögerte zwar, aber eigentlich war sie froh. Die Kinder hatten recht. Es war keine gute Idee, mit einer Dampftasche im Supermarkt aufzukreuzen.

»Na gut, aber seid vorsichtig mit ihm!«, grunzte sie und zwang sich, Johann die Tasche zu überreichen. Dann sah sie den Geschwistern hinterher, wie sie mit ihrem Kurtchen durch den grünen Dampf zur Treppe verschwanden.

11
Wie man einen Drachen hütet, Teil zwei

In ihrem Zimmer angekommen, schob Johann seinen Laptop, seine Ordnerboxen und sein Stiftechaos an den Rand des Schreibtisches und stellte die Tasche darauf. Er öffnete den Reißverschluss. Eine Stoßwolke graugrünen Staubs stob zur Decke empor.

Janka starrte entsetzt auf das qualmende Wesen, das Johann vorsichtig zwischen zwei Stöckelschuhen hervorzog. Wie ein sterbender Lappen hing es nun auf seinem Arm.

»Ist er tot?«

»Nee. Ich spüre sein Herz pochen«, Johann hauchte den reglosen Drachen leicht an.

»Hey, du, kleiner Drache, beweg dich doch mal«, flüsterte Janka besorgt. »Hey, Kur...« »Nenn ihn bitte nicht so! Auf gar keinen Fall«, fuhr Johann sie an.

»Wie soll ich ihn denn sonst nennen? Frau Tossilo hat das so ausgesucht! Sie hat doch gestern, als er wieder eingeschlafen war, gesagt, dass sie ihn Kurtchen taufen wird. Und wenn jemand nicht bei Bewusstsein ist, muss man ihn bei seinem Namen rufen, um ihn wieder zurückzuholen. Das weiß doch jeder.«

»Ja, super! Wegen dieses Namens kann er sich nicht einmal mehr rühren und qualmt uns die Bude voll.« Mit der einen Hand hielt Johann den Drachen fest, mit der andern zog er sein Handy aus der Hosentasche. »Du glaubst ja nicht, welche Kraft Namen besitzen können. Wenn ich Kurtchen heißen müsste, würde ich auch verdampfen.«

»Ich glaube nicht, dass der Dampf am Namen liegt«, gab Janka zurück. Doch Johann hörte sie nicht mehr. Er hatte sich in sein Handy vertieft und fuhr hektisch über das Display. Janka machte das Fenster auf. Frische Luft drang ins Zimmer und das flatternde Geräusch verbliebener Blätter, die die Pappeln, die rings um das Hochhaus wuchsen, immer noch nicht abgeworfen hatten.

Janka versank in Gedanken. Irgendwie hatte Johann recht. Kurtchen war wirklich unmöglich. »Wenn wir ihn *Kurmo* nennen?«, überlegte sie halblaut und wendete sich wieder ihrem Bruder zu. Sie fand, dass Kurmo eigentlich sehr schön klang. Ein paarmal, wie um den Namen von allen Seiten zu prüfen, murmelte sie ihn leise vor sich hin.

Kurmo. Kurmo, das klang weich, aber auch voller Kraft. Es klang bodenständig und dennoch ein bisschen nach Geheimnis. Es klang nachtblau und golden. Es passte.

»*Kurmo* wäre doch perfekt, oder?«

»Blödes Internet«, schimpfte Johann, »für jeden Kram stehen achtzigmilliarden Infos drin, aber wie man einen bewegungslosen Dampfdrachen kuriert, kann einem keiner verraten.«

»Ich mixe jetzt einen Grünkohlsmoothie! Was meinst du?«, rief Janka tatkräftig. »Den träufeln wir ihm ins Maul. Vielleicht hat er ja einfach nur Unterzucker. Er hat ja anscheinend heute noch gar nichts bekommen.« Ohne die Meinung ihres Bruders abzuwarten, rannte sie aus dem Zimmer und in die Küche.

Johann setzte sich mit dem regungslosen Drachen auf die Bettkante. Dem Geschöpf ging es offensichtlich ziemlich schlecht, und dennoch fühlte es sich schön und beruhigend an, es so dicht bei sich zu halten. Johann strich über den seidig-zarten Rücken und flüsterte: »Kurmo, hörst du mich?« Er wartete. »He, Kurmo Silfur! Ich bin's, Johann, hörst du?« Der Drache rührte sich zwar nicht, aber Johann hatte trotzdem das Gefühl, dass seine Worte nicht ins Leere fielen.

Janka kam mit einem Glas grünem Breischaum zurück. Sie setzte sich zu Johann aufs Bett. Mit einem Trinkhalm saugte sie den Trunk an, hielt den Halm zu und schob ihn dann vorsichtig unter die rauchende Drachenlefze.

Einmal. Zweimal. Zehnmal. Der Dampf nahm tatsächlich ab! Und versiegte schließlich ganz. Jetzt war ein zartes Schnauben zu hören. Und dann leckte der Drache sich gierig um die Schnauze.

Janka holte Luft.

»Ich glaube, das reicht«, meinte Johann erleichtert lächelnd, »hol vielleicht mal noch was Festes.«

Janka spurtete erneut in die Küche und kam mit drei Packungen Tiefkühlspinat zurück. Zwei davon warf sie auf die Bettdecke und wollte die dritte gerade öffnen, als der Drache einen blitzartigen Satz von Johanns Arm herunter auf das Bett machte. Schlangengleich hängte er seinen Kiefer aus, schoss nach vorne und verschlang die eisharten Blätterklumpen samt Packungen. Ohne zu kauen und ohne Luft zu holen. Ein letztes Dampfwölkchen entwich seinen Nüstern, dann streckte er sich und fixierte Janka oder – besser gesagt – die verbliebene Packung.

»Lass los!«, brüllte Johann gerade noch rechtzeitig, denn keine Sekunde später schlugen die reißscharfen Zähne dort aufeinander, wo eben noch Jankas rechte Hand gewesen war. Der Drache plumpste schluckend und mit zitternden Flügeln auf den Boden. Janka zitterte auch. Sie hatte das Gefühl, ihre Beine würden flüssig. Sie musste sich setzen.

»Burtl«, murmelte der Drache und rieb seinen Kopf an ihrer Seite. »Burtl.«

»Schon klar«, stieß Janka keuchend hervor, »aber das nächste Mal bitte weniger Burtl.«

»Krux!« Der Drache drückte sich an sie und gurgelte leise.

Janka atmete tief ein und versuchte zu grinsen, aber es gelang ihr nicht recht. Das Gurgeln neben ihr wurde lauter und ging in ein schauriges Fiepen über.

»Ist gut jetzt, Kurmo! Reg dich wieder ab. Janka hat ihre Hand ja noch, und beim nächsten Mal passt du halt besser auf!«, rief Johann energisch. Janka gab sich selbst einen Ruck und strich dem fiependen Drachen über den Kopf. Augenblicklich beruhigte er sich. Leider nicht für lange, denn als er sich kurz nach Johann umsah, schien ihm aufzufallen, dass hier im Zimmer etwas ganz und gar nicht nach seinem Geschmack war. *Klack, klack, klack*, lief er über das Laminat zur Zimmertür und legte den Kopf in den Nacken.

»Äh, wir bleiben lieber hier drin«, meinte Johann schnell, der gleich bemerkt hatte, dass der Drache zum Türgriff hinauf wollte. »Ich kann auch gleich noch mehr zu essen holen.« Aber der Drache wollte nicht noch mehr. Er war satt. Er wollte jetzt wieder zu Frau Tossilo. Und zwar sofort. Gleich auf der Stelle.

Er knurrte voller Sehnsucht und versuchte, auf den Türgriff zu springen.

»Die sogenannte Mutter ist einkaufen«, erklärte Johann und drückte schnell seinen Fuß gegen die Tür. »Besorgt dir was zu knabbern.«

Als der Drache das vernahm, hörte er auf zu springen

und gab ein seufzendes Geräusch von sich. Er blieb an der Tür sitzen und schien zu überlegen.

Auch Johann überlegte. Nämlich, was man eigentlich mit Drachen machte, wenn man sie schon mal in der Wohnung hatte.

In seinen Computerspielen gab es mehrere Möglichkeiten. Man konnte die Drachen töten, oder man konnte sie strategisch abrichten, mit ihnen als gleichberechtigtes Mitglied den Feind aus sämtlichen Winkeln und Ruinen herauslocken und dessen Clan mit Hilfe des Drachenfeuers vernichten. In einer anderen Art von Spiel konnte man die Drachen zum Freund gewinnen. Sie füttern, zähmen und auf ihnen durch die Luft fliegen. Das Geschöpf, das da an der Zimmertür kauerte, machte allerdings so rein gar nicht den Eindruck, dass man jemals auf ihm durch die Luft fliegen könnte. Und die anderen Dinge wollte sich Johann eigentlich nicht vorstellen. Aber plötzlich fiel ihm ein, dass er ja noch einen Auftrag hatte. Er musste den Drachen doch vor lebenslanger Schmach bewahren.

»Kurmo!«, sagte er bestimmt. Der Drache hob den Kopf und legte ihn leicht schief. »Kurmo Silfur, komm doch mal mit mir hinüber auf unseren grünen Teppich hier. Ich würde gerne etwas von dir wissen!«

12
Kurmo Silfur

»Wo ist er? Was habt ihr mit ihm gemacht, ihr, ihr …«, giftete Frau Tossilo Janka an, als sie mit leerer Handtasche vor ihrer Tür stand. Noch gestern hätte sich Janka von den unfreundlichen Worten und den eisgrünen Augen ihrer Nachbarin einschüchtern lassen, aber der Nachmittag mit Kurmo hatte etwas in ihr verändert. Sie war sich plötzlich darüber im Klaren, dass Frau Tossilo ihr schließlich gar nichts tun konnte. Außerdem könnte sie ihnen für die Betreuung ruhig dankbar sein.

»Wir haben ihm zu essen gegeben. Und wir haben uns mit ihm unterhalten«, sagte Janka. »Und er hat Stillsein geübt und Fliegen. Jetzt ist er müde von alldem. Er schläft. Ich wollte nachschauen, ob Sie schon wieder da sind.«

»Und warum hast du ihn nicht gleich mit heruntergebracht?«, grummelte Frau Tossilo jetzt schon etwas weniger angriffslustig.

»Ich habe doch gerade gesagt, ich wollte schauen, ob Sie schon wieder da sind. Und die Tasche hier«, Janka streckte Frau Tossilo die schlaffe Handtasche hin, »ist zu klein geworden. In meinen Rucksack passt er auch nicht. Haben sie vielleicht noch etwas Größeres? Dann bringen wir ihn gleich.«

Als Antwort gab Frau Tossilo einen mürrisch grunzenden Laut von sich, der sowohl ja als auch nein heißen konnte. Aber sie winkte Janka herein und schloss die Tür.

»Komm mit!« Sie gingen ins Schlafzimmer. Frau Tossilo öffnete den Spiegelschrank. Mit zusammengezogener Stirn inspizierte sie ihre bescheidene Taschensammlung aus dreiunddreißig Taschen in verschiedenen Materialien und Farben. Größenmäßig glichen sie einander jedoch sehr.

»Nehmen wir einfach den Koffer«, schlug Janka vor und deutete auf den Zwilling des pinken Prinzen, der nach wie vor unausgepackt im Schlafzimmer herumlag. »Da hat er schön viel Platz, und irgendwie ist er doch auch darin geboren, oder nicht?«

»Papperlapapp«, rief Frau Tossilo. »Wieso bitte soll er da drin geboren sein? Außerdem geht dich das gar nichts an.« Doch dann warf sie kurzerhand das Kleiderchaos aus dem Koffer auf den auberginefarbenen Teppichboden und machte sich abmarschbereit.

»Wenn Kurmo aufwacht, wird er froh sein, dass Sie wieder da sind«, sagte Janka, als sie durch das Treppenhaus schritten. »Wir hatten es zwar gut zusammen, aber ich glaube, er hat Sie schrecklich vermisst.«

Frau Tossilo sah weiter stur auf die schmutzigweißen Treppenkacheln. Noch nie war sie von jemandem vermisst worden. Sie bemühte sich, dass Janka ihre Rührung und vor allem ihr Lächeln nicht sah. Doch was hatte eigentlich dieses Mädchen da gerade noch gesagt?

»Kurmo? Wie kann man nur so vergesslich sein? Sein Name ist Kurtchen. Das habe ich euch gestern Abend doch noch mitgeteilt. Ich werde ihn Kurtchen nennen.«

Janka runzelte die Stirn.

»Kurtchen, echt? Wir dachten, es sei Kurmo gewesen. Tut mir wirklich leid. Wie blöd, jetzt haben wir ihn den ganzen Nachmittag Kurmo Silfur genannt.«

Frau Tossilo stieß verächtlich Luft aus und stieg die letzte Stufe zum neunten Stock hinauf.

»Na ja, macht nichts«, sagte sie dann ungewohnt gönnerhaft. »So schnell gewöhnt sich schließlich keiner an einen Namen, schon gar nicht an so einen stillosen Silfurquatsch!«

Janka nickte brav, sagte: »Ganz bestimmt, sicher doch«, und nichts von all dem, was Kurmo ihrem Bruder und ihr im Laufe des Nachmittags anvertraut hatte.

Zwischen sehr viel »Krux« und »Burtl« hatten sie nämlich erfahren, dass der Drache so alt war wie das Leben selbst. Dass er eigentlich noch viel länger in seinem Steinei hätte bleiben müssen, aber dass wohl irgendetwas geschehen war, denn er war ja merkwürdigerweise jetzt schon da. Er hatte etwas von *Geschöpf der Erneuerung* gegurgelt, *Burtulurux*, und von *Licht und Zusammensein* und der *großen Ausgleichshandlung*. Den Rest hatte Janka nicht mehr ganz verstanden. Wegen der Burtls und Krux' und auch sonst nicht.

Die Geschwister hatten den Drachenworten mit leuchtenden Gesichtern gelauscht. Was er ihnen erzählte, hörte sich so geheimnisvoll, so verheißungsvoll an und so, als hätte es auch etwas mit ihnen zu tun.

Dann war der Drache still gewesen. Sie hatten ihm eine Rampe aus Büchern gebaut. Er war davon abgesprungen und hatte zu fliegen versucht. Geklappt hatte das nicht, doch probiert hatte er es trotzdem immer wieder. Bis die Rampe schließlich einstürzte, dann hatte er weitererzählt.

Über das Schlüpfen. Nach einer Weile hatte Janka geglaubt, verstanden zu haben, dass der erste Mensch, den ein Drache nach dem Schlüpfen zu Gesicht bekommt, sein Herzensmensch wird. Und der Name, mit dem ihn jemand aus der Menschenwelt ruft – zum ersten Mal ruft – sein Herzensname.

»Was ist denn ein Herzensname?«, hatte sie wissen wollen.

»Gräbt sich tief ein. Schlägt Wurzeln, entwickelt Drachenkraft, ist nie wieder ausreißbar.«

Der Bernsteinkranz um die runden schwarzen Augen hatte bei diesen Worten noch heller als zuvor geglänzt.

»Hat dich Frau Tossilo, also ich meine, hat deine Mutter dich denn schon bei deinem Namen gerufen?«, hatte Johann vorsichtig hoffend nachgefragt.

Der Drache hatte sanft den Kopf gewiegt, und Janka und Johann hatten gelächelt. Kurmo Silfur würde sich den schönen Namen, den sie heute Nachmittag für ihn gefunden hatten, also nicht wieder nehmen lassen. Von Frau Tossilo nicht und auch von sonst niemandem.

13
Stürme

In den kommenden Wochen wurde die Stadt von vorwinterlichen Stürmen heimgesucht. Eine Böe nach der anderen peitschte durch die Straßen und fegte die letzten Laubreste von den Bäumen.

Janka und Johann brauchten für ihren Schulweg fast doppelt so lang wie sonst. Dabei hätten sie gerade jetzt mehr Zeit nötig gehabt. Denn seit Kurmo in ihr Leben geraten war, war dieses auch ziemlich stürmisch geworden. Stürmisch und vollgefüllt, die Tage waren immer zu kurz.

Frau Tossilo und die Kinder waren sich zwangsläufig nähergekommen.

Nachdem der Drache den Nachmittag bei Janka und

Johann verbracht hatte, schien es für ihn selbstverständlich, dass er die beiden täglich sehen musste. Und Janka und Johann passten sehr gern auf ihn auf.

Obwohl Kurmo Silfur schnell wuchs und er viel ruhiger geworden war, konnte er nach wie vor schlecht alleine bleiben. Er gab sich zwar Mühe, doch es wollte ihm nicht recht gelingen. Zwei Stunden Einsamkeit hielt sein Drachenherz vielleicht aus. Aber dann geriet er in Panik. Damit dies nicht geschah, hatte Frau Tossilo ihre Stunden im Schuhladen reduziert. Sie blieb vormittags zu Hause und ging erst zur Arbeit, wenn Janka aus der Schule kam. Und Janka und Johann teilten sich die Nachmittagsdienste auf. Endlich war es mal ein Vorteil, dass ihre Eltern so oft weg waren und wenig Zeit hatten, sich um sie zu kümmern.

Es war an einem Mittwochnachmittag. Janka kletterte hinter Lenya am Vertikaltuch in die Zirkuskuppel. Frau Tossilo verkaufte ein Anti-Fußschweißspray. Und Johann schaute in Frau Tossilos Wohnung mit Kurmo zum Fenster hinaus. Es dämmerte bereits, doch Johann ließ das Licht gelöscht. Damit die Scheibe nicht spiegelte und damit keiner der Bauarbeiter sie am Fenster sah. Der Wind pfiff so stark, dass sogar die Kräne gegenüber leicht schwankten. Die Baustelle sah irgendwie gruselig aus, wie sie von den Scheinwerfern, die hoch oben am Gerüst befestigt waren, grell angestrahlt wurde.

»Möchte da raus«, sagte Kurmo.

»Ja, sieht cool aus. Aber wir können da nicht raus. Ich kann schließlich nicht einfach mit einem Drachen durch die Straßen latschen.«

»Nicht latschen«, meinte Kurmo. »Will fliegen.«

Johann sah den Drachen an und versuchte zu ergründen, ob er das ernst meinte. Schließlich waren Kurmos Flügel immer noch ziemlich klein, und seine täglichen Flugübungen brachten keine Fortschritte. Dachte der Drache etwa, der Wind würde ihn hochheben und …

»Will Luft atmen und Brennnesseln essen und herumsegeln.« Kurmos runde Augen leuchteten.

»Das geht nicht«, erklärte Johann.

»Werde ganz still. Still und klein«, rief Kurmo flehend.

Wie stellte der Drache sich das vor? Auch wenn er klein war, irgendjemand würde ihn entdecken, sie lebten hier schließlich mitten in der Stadt, und außerdem, was würde Frau Tossilo dazu sagen?

»Bitte!«

»Nein.«

Die Drachenaugen füllten sich mit Tränen.

Johann gab sich geschlagen.

»Na schön«, seufzte er. »Luft atmen und Brennnesseln essen kriegen wir vielleicht hin, aber du musst wirklich ruhig sein, kapiert?«

Kurmo fuhr mit den Krallen durch Frau Tossilos Flauscheteppich und sagte: »Kapiert krux. Brauchen wir Nagellack dazu?«

»Nee, brauchen wir nicht«, lachte Johann. »Aber den Koffer brauchen wir. Ich hoffe, du passt da noch rein.«

Kurmo Silfur passte noch rein. Er musste sich zwar ordentlich einrollen, doch das nahm er in Kauf.

Johann schloss den Schnappverschluss, zog seine Jacke an und verließ mit dem Rollkoffer die Wohnung.

Als er aus dem Hochhaus ins Freie trat, gingen gerade die Straßenlaternen an. Er kämpfte sich gegen den Wind zu dem gegenüberliegenden Gehweg. Der war nämlich nicht so übersät mit Schlaglöchern, und Kurmo würde dort nicht so durchgerüttelt werden. Erst als ihnen ein Mann entgegenkam, begann Johanns Herz plötzlich zu wummern. Was tat er denn hier? War er wahnsinnig geworden? Er konnte doch nicht einfach mit einem Drachen durch Berlin rollen. Was, wenn … Aber da war der Mann auch schon vorüber und hatte ihn keines Blickes gewürdigt. Der Wind fuhr unter Johanns Jacke, blies sie auf. Johann musste lachen. Coole Aktion hier. Niemand würde mitbekommen, wen er da im Koffer hatte. Niemand würde auch nur im Traum daran denken. Und als Beweis, dass das stimmte, kamen ihnen auch gleich noch eine Frau mit Kinderwagen und dann zwei Essenslieferanten auf Fahrrädern entgegen. Weder die Frau noch die Radler schenkten Johann oder dem Koffer Beachtung. Kurmo gab keinen Ton von sich. Alles lief bestens.

Johann beschloss, mit dem Drachen in den Volkspark zu gehen. Bei Dunkelheit hielt sich da niemand mehr auf,

Brennnesseln wuchsen dort mehr, als es Büschel auf Frau Tossilos Flauscheteppich gab, und vielleicht könnten sie sogar zum Spielplatz. Auf der Schaukel würde Kurmo wenigstens ein bisschen von dem gewünschten Durch-die-Luft-segeln-Gefühl bekommen.

Der schnellste Weg zum Park war, die U-Bahn zu nehmen. Aber auf dem Bahnsteig angekommen, wurde Johann plötzlich klar, dass hier im grellen Neonlicht die ganze Sache etwas anders aussah. Nicht der Drache im Koffer war das Problem, vielmehr der Koffer selbst. Welcher Junge in seinem Alter fuhr bitte mit so einem pinken Ding durch die Gegend? Die Glitzersteinchen am Griff machten die Sache nicht unbedingt besser. Hoffentlich drehen sich die Jugendlichen dort am Kiosk nicht in meine Richtung, dachte Johann. Die beiden Mädchen auf der Bank kicherten jedenfalls schon. Jetzt rauschte die U-Bahn ein. Zum Glück. Leute quollen heraus. Johann stieg ein und war froh, als er feststellte, dass um ihn herum nur Personen über fünfzig saßen. Die nahmen pinke Koffer nicht mehr so ernst. Außerdem schauten eigentlich sowieso alle in ihre Handys. Er hatte sich umsonst gesorgt.

14
Coole App

Endlich waren sie im Park angekommen. Gemütlich war es hier nicht. Nasskalt, stürmisch und natürlich dunkel. Aber dafür waren hier auch keine Leute, und genau das brauchten sie schließlich.

»Du kannst jetzt raus.« Johann ließ den Kofferverschluss aufschnappen.

Kurmo kletterte heraus und sah sich um. Er hielt die Nüstern nach oben und spürte den Wind in den Atemwegen. Kühl und stark und lebendig. Seine Flügel vibrierten, und er machte ein paar vorsichtige Schritte ins Gras. Feuchte Halme kitzelten seine runden Füße, matschige Erde schmatzte unter seinem Gewicht, der Duft von nassem Laub drang zu ihm. Selig blies er eine kleine Dampfwolke aus. Und dann noch eine, so glücklich machte ihn die Umgebung. Er tappte weiter, und Johann nahm den leeren Koffer hoch und folgte dem Drachen tiefer in den Park hinein. Leise wanderten sie durch die Dunkelheit. Bald kamen sie zum Teich.

»Wenn du in das Gebüsch hier ringsum gehst«, meinte Johann, »findest du jede Menge Brennnesseln. Du musst natürlich vorsichtig sein, da kann auch Glas und so herumliegen. Aber eigentlich ist hier der beste Platz. Hier sind nämlich Hunde verboten, und es ist nicht alles verkackt.«

»Bin vorsichtig«, beteuerte der Drache, dann hatten ihn die schwarzen Schatten der Büsche verschluckt. Es raschelte. Ein Zweig knackte. Schmatzen. Kauen. Beißen. Und der Wind.

Johann zog sein Handy heraus und sah auf die Uhr. Sie hatten noch eine knappe Stunde, bevor Frau Tossilo nach Hause kam. Auf keinen Fall durften sie zu spät kommen, denn dann würde sie ausrasten. Es war ja schon verwunderlich genug, wie gut Janka und er in letzter Zeit mit ihr auskamen. Und an diesem Zustand wollte Johann auf keinen Fall etwas ändern.

»Krux.« Kurmo stieß mit dem Kopf an Johanns Oberschenkel.

»Hey!«, rief Johann. »Du bist also satt. Das ist ja mal günstig, so ein Parkausflug. Ich möchte nicht wissen, welche Unsummen Frau Tossilo sonst für dein ganzes Grünzeug ausgeben muss.«

»Wird bald besser«, behauptete der Drache, »stelle bald um.«

»Ah ja? Da bin ich ja mal gespannt«, meinte Johann und überlegte, ob Frau Tossilo dann eine halbe Kuh pro Woche liefern müsste.

»Okay, Kurmo. Jetzt gibt es noch eine Überraschung für dich!«

Neugierig und vor Vorfreude fauchend, trabte der Drache hinter Johann her. Auf dem Spielplatz angekommen, wollte Johann Kurmo in die Vogelnestschaukel heben, aber der Drache hatte anderes im Kopf. Erst wälzte er sich lange im Sand, dann lief er eine Rampe hinauf und balancierte über eine Wackelbrücke, und dann sprang er kurzerhand in die Röhrenrutsche. Mit viel Kratzen und Poltern kam er unten herausgeschossen.

»Krux!«, jubelte er. Dann entdeckte er das Karussell am anderen Ende des Platzes. Schon war er losgerannt. Johann zog wieder sein Handy hervor und rannte hinterher. Das musste er filmen und nachher Janka zeigen. Die würde ausrasten. Nee, erst mal würde er ihr jetzt gleich eine Nachricht schicken, Rat mal, mit wem ich am Spieli abhänge? Und dann später das Video zeigen. Schade, dass Janka immer noch dieses olle Tastenhandy hatte, sonst könnte er ihr gleich das Video schicken. Johann schaute auf sein Display, und da geschah es.

Er konnte Kurmo nicht sehen, dafür aber das Aufflackern eines Feuerzeugs. Er sah hoch. Sein Herz gefror. Seine Hand krallte sich um das Handy. Zwei glühende Punkte und zwei lange Schatten glitten auf den Spielplatz.

»Alter, was geht'n hier?«, sagte der eine Schatten.

»Ey?«, rief der andere.

In diesem Moment drehte Kurmo um und kam wieder zurückgerannt.

»Krux!«, rief er heißer, »stinkt.«

»Ich fass es nicht«, kam es von dem linken Schatten.

Johanns Blut rauschte in seinen Ohren. Das da vorne waren zwei. Und er war hier alleine. Ob Kurmo ihn beschützen würde? Sie kratzen, beißen, ihnen die Augen aus dem Kopf reißen? Aber dann erwachte sein Hirn wieder zum Leben, und ihm wurde klar, dass nicht Kurmo *ihn*, sondern *er* Kurmo beschützen musste, und zwar schleunigst.

Er beachtete den Drachen also nicht mehr, sondern schlenderte, so lässig es seine zitternden Beine vermochten, auf die beiden dunklen Gestalten zu.

»Hi«, sagte er betont gelangweilt und musste erkennen, dass die beiden leider ein paar Jahre älter als er waren. Vielleicht fünfzehn oder so. Er sah auf sein Handy und hielt es in die Richtung, in die Kurmo wieder verschwunden war. Er musste jetzt noch etwas anderes sagen. Nur *Hi* war zu wenig, das kam nicht gut, also sagte er: »Kann ich auch eine?«, und nickte in Richtung Zigarette. Hoffentlich sagten sie *nein*, sonst würde er dieses widerliche Ding rauchen müssen.

Die beiden Jungs sagten nicht nein, sie sagten nichts. Sie starrten Johann nur an, als käme er von einem anderen Planeten.

Johann riss sich zusammen und scrollte über das Display. »Ich habe es echt versucht«, sagte er, »na ja, macht nichts. Also, kann ich jetzt eine oder seid ihr zu geizig?«

Der linke Junge holte eine Zigarettenschachtel heraus, aber er machte keine Anstalten, Johann eine Zigarette zu geben.

»Was? Was? Ich meine, was ist das, was da rumrennt?« Seine Stimme war ziemlich tief und irgendwie ängstlich. Gleichzeitig aber auch bedrohlich, musste Johann zugeben. Also Flucht nach vorne.

»Das rennt nicht«, behauptete er, »das cruist.«

»Krasse Scheiße, egal. Was das Ding ist, wollen wir wissen«, sagte der andere ungehalten, und mit dem Rauch, den er ausblies, erreichte Johann auch ein Hauch von Bierdunst.

Johann hielt sein Handy umklammert und machte damit eine Bewegung durch die Abendluft.

»Wonach sieht das Ding denn aus?«, fragte er ruhig.

»Es sieht aus …«, sagte der eine.

»Es sieht aus …«, sagte der andere.

»Ja? Ich höre«, sagte Johann herausfordernd.

»Wie ein Drache!«, sagten beide.

Wohl um zu beweisen, dass er wirklich ein Drache war, kam in diesem Moment auch schon wieder Kurmo angerannt. Aber was war mit ihm passiert? Seine Bewegungen wirkten nicht mehr fließend, auch nicht tapsig, sie sahen jetzt irgendwie abgehackt, fast mechanisch aus. Er kippte mit dem Gewicht von einer Seite auf die andere und sah starr geradeaus. Als er etwa fünf Meter von ihnen entfernt war, kippte er in den Sand und blieb regungslos liegen.

Johanns Augen weiteten sich. Wie du das jetzt nur geschnallt hast, Kurmo, dachte er, auf dich ist ja richtig Verlass.

»Verdammt! Der Akku ist leer«, rief er schnell. »Schöner Schrott. Ich sage euch, holt euch den bloß nicht, ständig muss man ihn aufladen.« Er trat an Kurmo heran und hielt sein Handy über ihn. Erst geschah nichts, doch dann ruckelten die dunklen Schuppen, und Kurmo zuckelte wieder in die Senkrechte. Er gab ein metallisches Schnarren von sich und bewegte bruchstückhaft den Kopf nach links. Die beiden Jungs entspannten sich, waren aber immer noch sichtlich fasziniert.

»Geiler Scheiß! Wo hast du das her?«

»Kennt ihr nicht die *Stealing Creatures*-App?«, fragte Johann überrascht. »Den habe ich mir damit aus *World of Dragonfights* gezogen.«

»Hä?«

»Na, mit der App!«, rief Johann, »kannst du dir doch

aus jedem ungeschützten Computerspiel alles Mögliche rausholen.«

»Wie?«

»Einloggen, aussuchen, runterladen, ausdrucken!«

Einer der beiden ließ seine Kippe fallen und trat sie aus. Er runzelte die Stirn. Wachsam sah er Johann in die Augen.

»So große Drei-D-Drucke gibt es doch noch gar nicht!«, sagte er langsam.

»Ich sag nur Gameshop, Schönhauser Allee«, meinte Johann.

»Was?«, fragte der andere jetzt.

»Alter, dort kann man das ausdrucken lassen. Kennt ihr nicht? Gameshop Pankow?«

Jetzt machte sich wieder leichte Verunsicherung auf den Gesichtern der beiden breit. Johann beschloss, dass es Zeit war, die Kurve zu kriegen.

»Ihr seid wohl nicht von hier, was?«

»Nee, wir sind auf Jahrgangsfahrt«, sagte einer der beiden, und Johann tat, als ob sich damit alles erkläre.

»Okay«, brummte er beiläufig, »helft ihr mir, das Ding in den Koffer zu heben?«

Die zwei halfen.

Kurmo machte sich so schwer, wie er nur konnte, außerdem hatte er jegliche Wärme von seinen Schuppen abgezogen. Die waren jetzt so kalt, als wären sie aus Metall.

»Man sieht sich«, murmelte Johann betont lässig, und als er weit genug weg war, rief er durch die Dunkelheit: »Und nicht vergessen, *Stealing Creatures* heißt die App. Aber am besten ihr wartet bis nächsten Monat. Da kommt doch *Himmelshölle* 3 raus. Und da gibt's die Megadrachen, natürlich mit allen erdenklichen Skills. Das Ding hier kann ich echt nicht empfehlen. Ihr habt's ja gesehen. Läuft nicht so.«

15
Leere

Frau Tossilo schloss ihre Wohnungstür auf. Stille umfing sie. Nur der Kühlschrank gab ein Surren von sich, sonst war kein Geräusch zu hören. Niemand rief: *Burtl, du bist zu Hause!* Es kamen keine runden Füße über den Gang gewieselt, und es wurde auch kein *'n Abend, Frau Tossilo, wir sind im Wohnzimmer* gerufen.

Sie sah auf die Uhr, dann auf die Garderobenhaken. Johanns schwarze Jacke hing hier nicht, und seine abgelatschten Turnschuhe konnte sie auch nicht entdecken. Waren die beiden etwa oben? Aber das konnte eigentlich nicht sein, heute war schließlich Mittwoch. Auch ohne einen Blick auf Johanns ausgedruckte Tabelle zu werfen, wusste Frau Tossilo, dass am Mittwochnachmittag Jankas und Johanns Vater zu Hause war.

»Kurmo? Kurmo Silfur? Johann? Seid ihr da?« Trieben die beiden sich etwa einen Scherz mit ihr? Hatten sie sich versteckt? Sie sollte wohl suchen. Na schön, dann mal los. Ihre Mundwinkel kräuselten sich. Akribisch durchkämmte sie die Zimmer, öffnete mit einem »Ja, wo sind sie denn?« alle Schränke und sah hinter jede Tür. Sogar in den Herd schaute sie, obwohl weder Johann noch Kurmo da jemals reingepasst hätten. Aber nirgends ringelte sich eine blaugoldene Schwanzspitze und auch kein grinsendes Jungengesicht schob sich irgendwo hervor. Was war nur los? Wo waren die beiden?

Frau Tossilo rieselte ein Schauer über den Rücken. Das war schon lange nicht mehr passiert. Seit Kurmo und die Kinder in ihr Leben getreten waren, kam sie nicht mehr dazu, sich in irgendwelche Schauergedanken hineinzusteigern. Nicht nur, weil sie keine Zeit mehr dazu hatte, nein, sie hatte auch keine Lust mehr dazu. Viel lieber dachte sie jetzt auch einmal an etwas Schönes. Zum Beispiel, dass Johann und Janka doch eigentlich ganz passabel waren und dass – sie wollte es natürlich nicht zugeben – es irgendwie auch schön war, sie ein wenig kennenzulernen. Wenn sie abends manchmal zu viert auf dem Flauscheteppich saßen und Janka zu kichern begann, weil Kurmo die Augenlider schloss und sie dann mit seiner Schwanzspitze wieder hochzog. Wenn Janka also dann zu kichern begann und nicht mehr aufhören konnte, dann wollte Frau Tossilo am liebsten mitkichern. Sie tat es nicht. Jedenfalls nicht laut. Aber in ihr regte sich eine Fröhlichkeit, die ihr bisher fremd gewesen war. Und wenn sie dann abends im Bett lag und Kurmo sich leise gurgelnd auf dem Schlafzimmerteppich einrollte, dachte Frau Tossilo, dass Janka und Johann jetzt genau über ihnen lagen. Dann spürte sie etwas sehr Weites in ihrer Brust, und das gefiel ihr.

Ein Schlüssel fuhr ins Schloss, die Tür ging auf. Johann keuchte herein mit rotem Gesicht und Schweißperlen auf der Stirn. Im Schlepptau den Doppelgänger-Prinzen. Wo war Kurmo?

»Hallo, Frau Tossilo! Sie sind ja schon da, es tut mir leid!«

»Grrrru«, kam es gedämpft aus dem Koffer.

Frau Tossilo war so erleichtert, sie hätte Johann beinahe an den Schultern gepackt und zärtlich-kräftig gedrückt.

Johann ließ den Schnappverschluss aufschnappen, und Kurmo faltete sich auseinander. Voller Energie sprang er aus dem Koffer. Seine dunklen Augen knisterten Frau Tossilo an, sein Brustkorb bebte.

»Waren draußen«, rief er glücklich, »waren in der Welt!«

Frau Tossilo war so froh, dass die beiden wieder da waren, und Kurmos Glück so ansteckend – sie vergaß, dass sie eigentlich ärgerlich sein müsste. Sie schimpfte nicht, ja nicht einmal einen ruppigen Kommentar gab sie von sich.

Und als Kurmo und Johann schließlich vom Spielplatz erzählten, war sie sogar ein wenig stolz auf die beiden.

»Da habt ihr die zwei Kerle aber schön ausgetrickst«, sagte sie und »Ihr habt euch nicht abgesprochen? Und wie wusstet ihr, was der andere braucht?« und »Wenn dich das draußen so glücklich macht, werde ich mich wohl demnächst auch einmal mit dir hinauswagen müssen.«

16
Schnee von heute

Die Nächste aus dem Drachentrio, die sich mit Kurmo hinauswagte, war nicht Frau Tossilo, sondern Janka. Und das sogar am helllichten Tag. Janka saß an ihrem Schreibtisch und schrieb englische Wörter in ihr Vokabelheft, während Kurmo mit seiner Schwanzspitze in Johanns Zeichnungen herumstöberte. »It is raining cats and dogs« hieß nicht, dass es Katzen und Hunde regnete, sondern dass es in Strömen goss. »It will be sunny again« bedeutete, die Sonne würde wieder scheinen. Janka sah hinaus.

»Es schneit!«, brüllte sie und stürmte zum Fenster. »Sieh doch, Kurmo, es schneit! Es schneit!« Der Drache kletterte, so schnell er es vermochte, aufs Bett und sah ebenfalls durch die Scheibe. Dicke Flocken stoben vom Himmel.

»Wir müssen sofort raus!«, rief Janka aufgeregt und öffnete auch schon den Koffer, in dem sie Kurmo aus Frau Tossilos Wohnung zu sich nach oben transportiert hatte.

»Können nicht raus, ist noch hell«, gab Kurmo zu bedenken.

»Wir müssen aber! Hell hin oder her. Los, komm, steig ein, ich habe eine Idee.« Und da Kurmo Janka grenzenlos vertraute, kletterte er in den Pinken-Prinzen-Doppelgänger und rollte sich zusammen. Janka schnappte sich einen Schlüssel vom Haken, dann verließen sie die Wohnung. Im Treppenhaus begegneten sie niemandem, und auch der Aufzug war leer. Beinahe hätte Janka den Erdgeschossknopf gedrückt, einfach aus reiner Gewohnheit. Aber sie wollte ja gar nicht hinunter, sie wollte hinauf. Raus aufs Dach. Das Hochhaus hatte nämlich eine begehbare Terrasse auf dem Flachdach, die aber nie jemand beging, außer an Silvester. Sie würden dort oben also völlig ungestört sein. Nur von Flugreisenden könnten sie erspäht werden. Aber ob die von so weit weg erkennen konnten, dass hier ein Mädchen mit einem Drachen in den Schneeflocken tanzte, war zu bezweifeln. Und genau das taten sie. Tanzen. Sie sprangen und hüpften und fingen den Schnee mit der Hand oder mit der Tatze und drehten sich um sich selbst und umeinander. Jankas Haare flogen, und ihre Augen leuchteten.

»Ist schön!«, jauchzte Kurmo, »ist so wunderweiß schön.« Jetzt hielt er inne und sein Gesicht zum Himmel. Die kristallenen Federn, die da auf seiner warmen Drachenhaut landeten und dann gleich wieder verschwanden, gefielen ihm sehr. Janka wusste nicht, worüber sie sich mehr freute. Darüber, dass es schneite, oder darüber, dass sie es mit Kurmo teilen konnte. Dass er sich auch so freute. Durch seine Begeisterung bekam der Schnee noch mehr Zauber. Janka liebte Schnee über alle Maßen. Sie liebte auch Gräser und Bäume und Felder, wenn sie weit schauen konnte und keine Menschenseele zu sehen war. Doch damit war sie in ihrer Familie ziemlich allein. Niemand teilte ihre Begeisterung. Aber heute teilte sie einer mit ihr.

Nach einer kleinen Weile waren genug Flocken gefallen, um Schneebälle zu formen. Janka griff sich eine Handvoll und presste. Schade. Der Schnee war zu trocken, zu pulvrig, um zu kleben.

»Wozu hat man eigentlich einen Drachen als Freund?«, rief Janka und grinste, »das muss doch irgendwelche Vorteile bringen.« Kurmo schubste sie sacht mit seinem Kopf und hauchte dann einmal quer über das Hochhausdach. Der Pulverschnee verwandelte sich zum Superpappschnee. Er knirschte, als Janka ihn zusammendrückte. Jetzt hatte sie einen Schneeball. Vergnügt holte sie aus und schleuderte ihn dem Drachen an die Flanke.

»Gibt Rache!«, fauchte Kurmo und fegte mit dem

Schwanz durch die weiße Masse. Janka wäre beinahe hingefallen, als der Schnee sie traf, aber das spornte sie nur noch mehr an. Im nächsten Moment feuerte sie Kurmo die Schneekugeln in solch einem Tempo um die Nüstern, dass er sich schließlich hinter den riesigen Schornstein flüchtete.

»Okay, okay, Friede!«, rief Janka.

Kurmo lugte vorsichtig hinter dem Schornstein hervor.

Als Beweis, dass sie es ernst meinte, schleuderte Janka ihre letzten Schneebälle weit über die Dachkante. Lautlos verschwanden sie in der Tiefe. Dann standen sie gemeinsam an dem Geländer, das das Dach umsäumte, und schauten über die Stadt.

Eines Tages, dachte Kurmo, würde er sich von dieser Dachkante abstoßen. Aber er würde nicht wie die Schneebälle nach unten fallen, er würde steigen. Seine Flügel würden ihn tragen, und dann könnte er über all diese Hausdächer hinwegsegeln. Könnte so fröhlich durch die Luft tanzen wie die kleinen weißen Flocken. Ja, vielleicht könnte er sogar zu diesem seltsamen hohen Turm mit der Kugel fliegen und dort oben landen. Das würde ihm gefallen. Wenn er doch nur noch etwas schneller wachsen würde, dann müsste er …

»Ich glaube, wir müssen langsam wieder runter! Frau Tossilo kommt bald«, rissen Jankas Worte den Drachen in die Wirklichkeit zurück. Er nickte schnell. Jetzt musste er sich wieder einrollen, musste sich klein machen, musste sich verstecken. Nur damit er ein Treppenhaus durchqueren konnte. Nur damit niemand ihn sah. Er klagte nicht, aber Janka hörte trotzdem, wie sehr sein Drachenherz nach Freiheit rief.

17
Der Anruf

Im Erdgeschoss betrat Frau Tossilo den Aufzug. Den linken. Im sechzehnten Stock zog Janka den Koffer in den rechten.

»Ich mach dir einen Spalt auf, okay? Dann kommt wenigstens ein bisschen Luft rein.« Der Drache seufzte und pustete eine kleine Dankeswolke hinaus.

»Und ich lass mir was einfallen, damit du dich nicht immer verstecken musst, okay?«

Wieder stieg ein grünes Wölkchen aus dem Koffer.

»Und wir müssen jetzt noch einen kurzen Stopp bei unserer Wohnung machen. Müll wegbringen, bevor meine Eltern nach Hause kommen. Sonst halten sie mir wieder einen Vortrag«, erklärte Janka, als der Aufzug im neunten Stock hielt. Sie holte die Restmülltüte und den gelben Sack aus der Küche und war auch schon wieder im Hausflur. In der Wand, in der Nähe der Aufzüge, befand sich eine Metallklappe. Janka öffnete sie und ließ die Säcke hineinfallen. Fast geräuschlos rutschten sie durch die engen Röhren des Müllschluckers, die am Fuß des Hochhauses direkt über großen Müllcontainern endeten.

»Zwitscher, zwitscher«, tönte es aus dem Stockwerk unter ihnen herauf. Ich brauche einen neuen Klingelton, dachte dort Frau Tossilo und sagte dann: »Ja, bitte?«

»Guten Tag. Maifeld von Black West International«, schnarrte es aus dem Handy. »Wir haben schon öfters versucht, Sie zu kontaktieren. Es geht um Ihren Koffer.«

Das Treppenhaus begann sich zu drehen. Frau Tossilo würgte ein »Oh« hervor und stützte sich an der Wand ab.

»Eine unangenehme Angelegenheit«, fuhr nun dieser Maifeld fort, »wann genau können wir eine Übergabe vereinbaren?«

»Wie? W-was für eine Übergabe?«, stotterte Frau Tossilo.

»Nun, der Koffer unseres Mitarbeiters befindet sich in Ihrer Obhut! Und Ihr Koffer befindet sich in unserer. Wann können wir die Gepäckstücke austauschen kommen? Wann sind Sie zu Hause?«

Pling. Der rechte Aufzug hielt im achten Stock.

»Hallo, Frau Tossilo, sind Sie noch dran? Hallo? ... Hallo?«

Die metallischen Schiebetüren öffneten sich, und Janka samt dem pinken Doppelgänger glitten heraus.

Kurmo gurgelte zart durch die Kofferwände.

Das Drehen in Frau Tossilos Kopf verschwand. Stattdessen begann sich dort ihr Kampfgeist zu regen. Frau Tossilo stieß sich von der Wand ab.

»Hören Sie, Herr Maifeld von Black West International! Es tut mir leid, aber ich weiß nicht ganz, wovon sie sprechen. In meiner Obhut befindet sich kein Koffer. Nicht einmal das kleinste Bisschen von einem Köfferchen. Aber dass Sie nun meinen haben, erleichtert mich ganz unglaublich. Sie können sich das gar nicht vorstellen. Ich habe ja schon so oft bei der Fluggesellschaft angerufen, aber mein Gepäck schien einfach unauffindbar. Eine Frechheit, sage ich Ihnen, eine Frechheit. Unauffindbar. Und nun Ihr Anruf. Wunderbar, wirklich wunderbar!«

»Frau Tossilo, Moment ...«

»Wenn Sie mir also das gute Stück per Expressboten zustellen könnten, wäre ich Ihnen überaus dankbar. Die Kosten für den Transport übernehme ich natürlich selbst.«

»Frau Tossilo ...«

Legen Sie einfach die Quittung samt Ihrer Bankverbindung bei, und nun entschuldigen Sie mich. Ich befinde mich soeben in einer wichtigen Konferenz.«

Frau Tossilo schaltete das Handy aus, holte Luft und lächelte dann Janka an.

»Wer war das denn?«, fragte Janka.

»Ach, niemand«, behauptete Frau Tossilo. »Ein Vertreter. Ein Möchtegern, ein ... – ach, wirklich niemand.«

»Und wieso waren Sie dann eben so weiß im Gesicht wie Ihre Couch?«

Es gurgelte aus dem Koffer.

»Und wieso haben Sie da so komisch an der Wand gelehnt?«

Es gurgelte lauter.

Frau Tossilo warf Janka einen Blick zu, der wohl bedeuten sollte: Du hältst jetzt sofort die Klappe! Kein Wort weiter, verstanden? Und schon gar nicht vor Kurmo!

Janka schluckte und nickte schnell.

18
Klassenrat

Am nächsten Tag, während der Sportstunde, setzte Janka sich auf die Bank. Alle anderen Kinder sprangen über den Bock, längs und quer und mit Hocke und Grätsche, schrien manchmal: »Geschafft!« und »Yes!«, aber Janka hatte Bauchweh. In ihr rutschten die Sorgen um Kurmo herum und vermehrten sich stetig. Warum war Johann ausgerechnet gestern nach der Schule mit zu seinem Freund Baran gegangen? Warum hatte er auch noch dort übernachten müssen? Und wieso war er nicht ans Handy gegangen? Sie hätte ihn dringend gebraucht, um mit ihm über Frau Tossilos seltsamen Anruf zu sprechen.

Sie wussten ja, dass Kurmo in dem pinken Koffer zur

Welt gekommen war. Dass der aber gar nicht Frau Tossilo gehörte, hatten sie nicht gewusst. Und jetzt? Jetzt wollte dieser »Niemand«, wie Frau Tossilo den Anrufer genannt hatte, seinen Koffer wiederhaben. Klar, würde ja jeder. Und sicher wollte er nicht nur den Koffer zurück, sondern vor allem den Kofferinhalt. Bei diesem Gedanken drehte sich Janka der Magen um. Frau Tossilo nahm einfach an, dass der Anrufer ihr geglaubt hatte. Wie konnte sie nur so naiv sein? Was, wenn nicht? Was, wenn der Mann demnächst auftauchte und sie zur Herausgabe zwang. Janka schlang die Arme um sich und atmete tief. Sie wünschte sich den Nachmittag herbei, sie musste unbedingt noch einmal mit Frau Tossilo sprechen. Und mit Johann vor allem. Vielleicht hatte er ja eine Idee, was nun zu tun war.

Nach dem Sportunterricht stand schon fast das Wochenende vor der Tür. Vorher war nur noch eine Stunde Klassenrat.

Die Klasse hatte die Tische an die Wände geschoben, saß im Stuhlkreis beisammen und stimmte ab, dass sie dieses Jahr wieder Julklapp machen würden.

Jankas Bauchschmerzen hatten sich zwar verflüchtigt, doch bei der Sache war sie trotzdem nicht. Die Namenszettel waren geschrieben, gezogen und das Thema bereits erledigt, ehe sie richtig bemerkt hatte, um was es eigentlich ging. Danach warf Frau Brehm noch das Thema *Fühle ich mich in der Klassengemeinschaft wohl?* in die

Runde. Ein lebhaftes Gespräch entstand. Alle fühlten sich in der Klasse gut oder zumindest okay, nur Janka blieb still, denn *Ich brauche eine Idee, ich brauche eine Idee* war das Einzige, was sie denken konnte.

»Janka, vielleicht möchtest du dich auch noch äußern?«, lud Frau Brehm sie plötzlich ein. Janka sah auf. *Was? Fühle ich mich in der Drachengemeinschaft wohl?*, echote es durch ihren Kopf.

»Ja, also, ich finde unsere Gemeinschaft toll«, begann sie völlig abwesend. »Gestern zum Beispiel, da habe ich mich so über den Schnee gefreut, und es war schön, diese Freude zu teilen. Aber ich habe Angst, dass jetzt alles kaputtgeht. Was, wenn er wieder gehen muss? Er ist doch der wichtigste Teil von der ganzen Gemeinschaft? Ohne ihn zerbricht alles wieder.«

»Äh, liebe Janka«, schaltete sich Frau Brehm ein. »Könntest du vielleicht etwas genauer werden? Um wen konkret hast du Angst? Wer muss hier denn gehen? Zieht jemand von euch um? Habe ich etwas nicht mitbekommen?« Die Lehrerin lächelte sie freundlich an. »Einfach, damit wir eine Vorstellung bekommen, wen du meinst und ...«

»Oh! Wie?« Sollte Janka jetzt sagen: *Ich meine unseren Drachen. Frau Tossilo hat den pinken Prinzen vertauscht. Den richtigen Besitzer hat sie mit einer Lügengeschichte abgewimmelt, die nicht lange halten wird. Und ich habe nicht den leisesten Schimmer, wie wir Kurmo beschützen können?*

»Ist nicht so wichtig. Es war eher so allgemein gemeint und so«, rief sie schnell und wurde rot im Gesicht.

Da begann plötzlich Marlon, der schlaksige Junge neben ihr, zu sprechen, ohne sich gemeldet zu haben. Marlon war einer, der selten etwas sagte, und wenn, dann meistens irgendwelche verschrobenen Gedanken. Aber Janka mochte ihn trotzdem.

»Eine Klassengemeinschaft ist wie ein Ei«, begann er. »Ein Ei ist stabil und bewahrt Lebendiges in sich, doch es kann auch leicht zerbrechen. Janka befürchtet, dass ein Teil absplittert. Ich möchte ihr mitteilen, Splittern heißt nicht unbedingt, dass die Gemeinschaft kaputtgeht. Wenn ein Teil von einem Ei splittert, kann dies auch bedeuten, dass es Zeit ist, dass da etwas Größeres geboren wird. Das Küken schlüpft. Etwas Neues entsteht. Neue Freundschaften zum Beispiel.« Er lächelte Janka an.

Frau Brehm sah Marlon leicht irritiert an und meinte dann:

»Äh, ja. Das hast du schön gesagt.«

Janka wäre Marlon fast um den Hals gefallen. Nicht wegen des Freundschaftsangebots – so weit ging ihre Zuneigung dann doch nicht. Nein, sie hätte ihn am liebsten umarmt, weil er ihr soeben ihre Idee serviert hatte. Sie musste sofort nach Hause.

»Zurück zu dir, Janka«, sagte Frau Brehm. »Ich habe immer noch nicht genau verstanden, um was es dir geht?«

»Wir fügen die Teile einfach wieder zusammen!«, flüsterte Janka vor sich hin.

Zum Glück klingelte es jetzt zum Unterrichtsschluss, und alle sprangen auf.

»Vielleicht sprechen wir am Montag noch einmal darüber«, versuchte es Frau Brehm erneut, doch ihre Worte gingen im allgemeinen Aufbruchstumult unter.

Janka raste los, raus aus der Schule, rauf aufs Rad, keinen Sinn mehr für fliegende Flocken und weiß gebauschte Bäume, nur schnell nach Hause.

19
Das Labyrinth

Es war nicht einfach, mit Frau Tossilo zu sprechen. Sie wollte Janka und Johann gar nicht in die Wohnung lassen.

»Es ist doch Freitagnachmittag, quasi Wochenende, ich kann ganz gemütlich selber auf Kurmo achtgeben. Geht wieder nach oben und schaut euch einen schönen Film an, oder was auch immer«, meinte sie unbedarft.

Doch so leicht ihre Worte klangen, so schwer fühlte Frau Tossilo sich im Innern. Wie Janka hatte nämlich auch sie den ganzen Tag versucht, ihre Furcht zu bezwingen. Wobei sie nicht so sehr fürchtete, dass der Anrufer den Drachen holen würde, sondern dass Kurmo selbst ging, wenn er erfuhr, dass er eigentlich zu jemand anderem gehörte. Sie hatte immer wieder versucht, so zu tun, als wäre nichts geschehen, als hätte es gar keinen Anruf gegeben. Es war ihr nicht gelungen. Und als Johann nun seinen Fuß in den Türspalt stellte, gelang ihr das Leugnen noch weniger.

»Wenn dieser Anrufer Ihnen nicht geglaubt hat, dann nimmt er Ihnen Kurmo weg, ehe Sie sich neuen Nagellack auf die Finger pinseln können!«, rief Johann.

»Jetzt mach mal halblang, und nimm vor allem den Fuß aus der Tür!«

»Haben Sie mal nachgesehen, was diese Black West International ist? Nein? Aber ich habe das. Das ist kein kleines Unternehmen, Frau Tossilo! Das ist ein riesiger Konzern!« Johann nahm seinen Fuß aus der Tür und holte Luft. »Ich habe keine Ahnung, was die alles machen. Aber soweit ich das verstanden habe, sind Biotechnik und Überwachungszeug keine Nebenzweige von denen. Die werden nicht lange fackeln. Wir müssen schleunigst was tun!«

»Aber was denn?« Frau Tossilo biss sich auf die Lippe.

»Lassen Sie uns doch erst mal rein«, kam es nun von Janka.

Frau Tossilo zögerte, winkte sie aber dann doch in die Wohnung.

Der Drache saß auf dem Flauscheteppich und sortierte die Nagellackfläschchen mit seiner Schwanzspitze. Nicht nach Farben, sondern nach einem nur ihm logischen System. Seine Augen leuchteten, als er Janka und Johann im Gang erblickte.

»Könnt mir helfen. Komme immer wieder durcheinander«, gurgelte er und hielt ihnen einen Flakon mit weißem Lack mit Silberblättchen entgegen.

»Hey, Kurmo!«, grüßte Johann. »Wir sortieren das nachher, okay? Wir besprechen nur noch kurz was.«

Frau Tossilo winkte die Geschwister in die Küche und schob die Schiebetür zu.

»Ja, also ... Ich weiß gar nicht ...«, begann sie und stockte. Sie schämte sich. Unsicher sah sie auf ihre Fingerspitzen, als könnte sie sich eine Portion Mut unter den Nägeln herauskratzen. Schließlich gab sie sich einen Ruck und erzählte Janka und Johann, wie sie aus Versehen am Flughafen den falschen pinken Prinzen vom Gepäckband genommen hatte. Und wie sie später, gar nicht aus Versehen, in den fremden Kleidern herumgewühlt hatte. Sie erzählte von der merkwürdigen Schatulle, die zum Vorschein gekommen war, und wie Neugier und Sehnsucht sie gepackt hatten und sie auf einmal den Code geknackt hatte. Es war um sie geschehen gewesen. Den Stein – damals dachte sie ja noch, es sei nur ein Stein – hatte sie partout nicht mehr hergeben wollen. Also hatte sie, anstatt die Fluggesellschaft zu informieren, den Stein an sich gedrückt, leise Töne gesummt und ihn gewiegt. Als dann das Ding zersplitterte ...

Die Schiebetür wurde geöffnet. »Hatten so Glück! Hatten ja so Glück miteinander!«, rief der Drache.

»Kurmo«, flüsterte Frau Tossilo.

»Jetzt hast du ja eh alles mitbekommen«, meinte Johann. »Das mit dem Glück miteinander ist vielleicht ein wenig komplizierter, weißt du? Die, denen der Koffer und das, was drin war, gehört, wollen ihn nämlich jetzt wiederhaben! Sie haben gestern angerufen.«

»Wiederhaben geht natürlich nicht!«, wandt Kurmo ein, »Gehe doch nicht mehr weg hier. Niemals nicht!«

Frau Tossilos Herz machte einen erleichterten Satz, doch Johann dämpfte sie gleich wieder:

»Das sehen die wahrscheinlich anders.«

»Warum?«, fragte Kurmo

»Für die bist du bestimmt zu wertvoll. Die haben sicher jede Menge Ideen, was sie mit einem Drachen anstellen können. Genetische Tierversuche, Kriegs…«

»Hör auf, ihm Angst zu machen!«, kreischte Frau Tossilo.

»Äh!«, rief Janka, »ich finde, wir sollten jetzt mal aufhören, hier herumzureden, und anfangen, etwas zu tun.«

»Was denn tun?«, wollte Kurmo wissen.

»Wir bauen dein Ei wieder zusammen«, sagte Janka. »Wir setzen alle Splitter aneinander, bis es heil aussieht. Dann legen wir es in seine Schatulle zurück, machen sie wieder zu und verstellen den Code. Das kann man doch, oder?«

Frau Tossilo hob die Schultern und nickte gleichzeitig.

»Kleider drübergeknüllt – und dem Kofferaustausch steht nichts mehr im Wege«, beendete Janka ihren Plan.

»Eine Lösung für immer ist das natürlich nicht«, murmelte Johann. »Aber sie verschafft uns erst mal Zeit. Denn es dauert bestimmt eine ganze Weile, bis Black West merkt, dass aus dem Drachenei kein Drache mehr schlüpfen wird und ...«

»Aber ich habe diesem Anrufer doch erzählt, ich hätte seinen Koffer gar nicht. Wie soll ich was austauschen, was ich gar nicht habe?«, unterbrach ihn Frau Tossilo. Sie rieb ihre Füße auf dem Küchenboden, als wollte sie ein Loch scharren.

»Sobald wir das Ei zusammengesetzt haben, rufe ich ihn an!« Johann grinste listig. »Ich werde ihm erzählen, meine Mutter sei etwas überspannt und deswegen manchmal leicht verwirrt.«

»Was hat, bitte, eure Mutter mit der Sache zu tun?« Auf Frau Tossilos Stirn entstanden Längs- und Querfalten.

»Unsere Mutter hat natürlich nichts damit zu tun. Ich meine ja auch gar nicht unsere Mutter, ich meine doch Sie! Ich gebe mich als Ihr Sohn aus, wenn ich anrufe.«

»Ist doch meine Mutter!«, sagte Kurmo.

»Ja, aber du kannst da ja schlecht anrufen.«

»Können wir jetzt endlich anfangen?«, drängte Janka. »Sie haben die Eierschalen doch aufgehoben, oder etwa nicht?«

Frau Tossilo hatte die Schalen aufgehoben. Die obere Hälfte war unbeschädigt abgesprengt worden, die untere jedoch in tausend Teile zerfallen. Die nächsten Stunden wurden also blaue Splitter sortiert. Sortiert, probiert und ineinandergesteckt. Wenn zwei passten, klebte Frau Tossilo sie mit klarem Nagellack aneinander, Kurmo hauchte drauf, und dann war nichts mehr von einem Riss zu sehen.

Endlich war es vollbracht. Auch die untere Hälfte des Steins war wieder ein Ganzes.

»Seht nur«, stieß Janka hervor. »Wie es dort drinnen aussieht!« Sie hielt die blaugolden schimmernde Schale unter Frau Tossilos grelle Stehlampe. Das Licht beschien winzige gewundene, sich ineinanderschlingende Kammern und Gänge und einen goldenen Punkt in deren Mitte.

»Das sieht aus wie ein Labyrinth!«, flüsterte Johann.

Kurmo besah sich die akkurat unterteilte Landschaft in seinem Ei und hob dann die Nüstern in die Luft. Seine Flügel spreizten sich.

»Musstest du da etwa hindurchkriechen, ehe du geboren wurdest?«, fragte Janka aufgeregt. »Aber wie hast du das geschafft? Das sieht ja super schwierig aus.«

Der Drache wiegte nachdenklich den Kopf, antwortete aber nichts. Janka erinnerte sich an Marlons Referat, das er im letzten Schuljahr gehalten hatte. Es hatte von Labyrinthen im alten Griechenland gehandelt.

Für einen kretischen König war einst solch ein verwirrender Wunderbau geschaffen worden, in dessen Mitte dann aber ein Minotaurus hauste. Ein Minotaurus war ein gehörntes Ungeheuer, das menschliche Opfer verschlang. Der junge Prinz Theseus war in diesen Bau gestiegen, um den Minotaurus zu besiegen. Das hatte er auch geschafft. Er hatte einen Weg in die Mitte gefunden, und er war stark genug gewesen, das Ungeheuer zu töten. Aber war Theseus nach dem Besiegen auch wieder aus dem Irrgarten herausgekommen? Ja, war er. Durch klares Denken. Und durch die Liebe. Die schlaue Königstochter Ariadne hatte ihm nämlich einen Faden ans Handgelenk gebunden, an dem er den Weg zurückverfolgen konnte.

Aber was hatte ein Labyrinth im Ei zu bedeuten? War Kurmo etwa eine Art Minotaurus, der aus seinem Irrgarten entflohen war? Nein, das war ja kompletter Blödsinn. Kurmo war das liebste Geschöpf, das Janka sich vorstellen konnte. Und er selbst hatte doch davon gesprochen, dass er ein Wesen der Erneuerung sei. Dann erinnerte sich Janka noch, dass Marlon gesagt hatte, diese griechischen Sagen dürfe man nicht wörtlich nehmen, man müsse sie auf sich selbst übertragen. Aber wie sollte sie Kurmos Eierlabyrinth auf sich selbst oder auf wen auch immer übertragen? Das wollte ihr nicht ganz einleuchten.

»Das muss ich fotografieren!«, rief Johann begeistert und hielt auch schon sein Handy über die Steinhälfte. »Sieht echt cool aus da drin! Und jetzt basteln wir die andere Hälfte drauf. Mal sehen, was da dann noch zum Vorschein kommt.«

Kommt bitte gleich nach Hause. Liebe Grüße, Mama, kam jetzt auf Johanns Display zum Vorschein. Was? Warum denn ausgerechnet jetzt?

»Sie müssen das jetzt aber alles noch fertig machen, ja?«, sagte Janka.

Frau Tossilo gelobte, nicht eher schlafen zu gehen, bis sowohl das Ei als auch das rote Blinken an der Schatulle wieder völlig makellos hergestellt waren. Dann verabschiedeten sie sich voneinander.

20
Der pinke Prinz bringt's schon wieder

Am nächsten Tag rief ein gewisser Franz Tossilo bei Black West International an. Mit ruhiger, klarer Stimme teilte er dem Herrn am Handy mit, dass seine Mutter leider manchmal leicht verwirrt sei. Dass sie, entgegen ihrer Behauptung, hier in der Wohnung einen fremden Koffer stehen hätten und dass er, Franz Tossilo, mehr als froh wäre, dieses Ding endlich loszuwerden, schließlich rieche es ziemlich seltsam. Für die Kofferübergabe vereinbarte Franz Tossilo einen Termin für den kommenden Dienstagnachmittag.

Am Dienstagmorgen rief Frau Tossilo im Schuhladen an und meldete sich krank. Sie hatte zwar nicht vor, bei der

Kofferübergabe dabei zu sein – dazu war sie viel zu nervös. Aber sie konnte auch nicht einfach arbeiten gehen und Janka und Johann alles alleine machen lassen. Frau Tossilo ribbelte ihre Fingernägel aneinander und sah sich in ihrer Wohnung um. Hatten sie auch wirklich an alles gedacht?

Der Koffer stand neben der Wohnungstür. Der wiederhergestellte Stein lag in der verschlossenen Schatulle. Der Code war verstellt, der rote Punkt blinkte wieder, die schwarze Soße von allen Kleidern entfernt, die zerbissene Deospraydose ausgetauscht. Hatten sie nicht etwas vergessen? Gab es nicht noch etwas, was sie tun mussten? Es klingelte.

Frau Tossilo lugte durch den Spion. Im grellen Licht des Flurs standen Janka und Johann mit einem riesigen Einkaufswagen. Sie öffnete.

»Hallo, kommt rein.« Im selben Moment kam auch schon Kurmo in den Gang gerannt. Im Schlepptau hatte er einen Bettbezug. Er rollte über den Boden und wickelte den Stoff fest um sich.

»So sieht man dich wirklich nicht, aber klettere doch bitte erst in den Wagen!«, bat ihn Johann. »Sonst müssen wir dich ja reinheben, und du bist echt nicht mehr gerade der Leichteste.«

Der Drache gab ein Gurgeln von sich und kam wieder zum Vorschein. Halb sprang, halb flog er in die Metallumgitterung hinein. Der Einkaufswagen bog sich etwas unter dem Gewicht, doch er hielt. Janka breitete den Bettbezug über Kurmo und türmte dann etliche leere Saftkartons und ein paar Einkaufstüten oben drauf.

»Und jetzt geht es auch schon los!«, rief sie und schob den schweren Einkauf hinaus zu den Fahrstühlen. Solange die Übergabe stattfand, würden Kurmo und sie in ihrem Zimmer Zuflucht nehmen. Hoffentlich kam der Bote von Black West zum verabredeten Zeitpunkt, denn irgendwann würden die Eltern nach Hause kommen.

Jankas Hoffnung wurde erfüllt. Pünktlich um vier Uhr klingelte jemand an der Haustür des Hochhauses, und Johann ging an die Sprechanlage. Wenige Minuten später stand dann ein Mann in einer Art Uniform samt einem pinkfarbenen Koffer im Blickfeld des Spions.

»Ich bin dann weg«, flüsterte Frau Tossilo, flitzte in ihr Schlafzimmer und schloss hektisch die Tür. Sie war so nervös, dass sie sich sogar im Spiegelschrank versteckte. Doch ihre Aufregung war völlig umsonst. Johann war fast ein bisschen enttäuscht, als der Koffertausch innerhalb von fünf Sekunden erledigt war. Der Bote verschwand ja schon wieder im Aufzug. Er hatte sich die Sache irgendwie kniffliger und gefährlicher vorgestellt. Aber was soll's?, dachte er, pfiff durch die Zähne und schrieb Janka: **Mission erledigt. Ihr könnt wieder runterkommen.**

Wenig später befand sich eine ziemlich aufgekratzte Runde in Frau Tossilos Wohnzimmer. Kurmo wälzte sich auf dem Flauscheteppich, während sein Schwanz durch die Luft pfiff. Janka wechselte vom Spagat in die Brücke und von der Brücke in einen Kopfstand. Frau Tossilo lief von der Glasvitrine zum Sofa und wieder zurück, und Johann kratzte sich am Kopf. Plötzlich kicherte er.

»Wollen Sie eigentlich nicht nachsehen, ob die von Black West auch so in Ihren Sachen herumgewühlt haben wie Sie in deren?«

»Werd nicht frech«, knurrte Frau Tossilo, aber sie kicherte auch ein bisschen. Sie zog also den pinken Prinzen ins Wohnzimmer herein, ließ sich neben ihm auf dem Teppich nieder und öffnete ihn. Ganz zuoberst lag ihr Flanellbademantel. Rosa, unberührt und sorgsam gefaltet.

»Oh!«, rief sie selig und kuschelte ihn sich gleich ans Gesicht. Dann kam ihr Schminkbeutel zum Vorschein. »Ach, wie schön!«, rief sie noch seliger und roch an drei Nagellackfläschchen hintereinander. »Ach, *der*«, nuschelte sie dann gelangweilt und legte einen weißen flachen Karton zu Seite. Kein Firmenlogo, kein Streifen, nichts wies auf den Inhalt des Kartons hin, und trotzdem war Johann sofort bei ihm.

»Was ist da drin?«, hauchte er.

»Ach, nix. Den habe ich mir andrehen lassen«, murmelte Frau Tossilo abfällig und begann die Muschelketten zu inspizieren. Vielleicht würde Kurmo mit solch einer Kette hübsch aussehen.

»Darf ich hineinsehen?«, fragte Johann

»Natürlich. Ich brauche das Ding ganz bestimmt nicht.«

Johann öffnete vorsichtig den Karton.

Manche Leute bekommen, wenn sie sich verlieben, glänzende Augen mit großen Pupillen. Andere können nicht mehr richtig sprechen, sondern geben nur noch dümmliches Zeug von sich. Und wieder andere lächeln den ganzen Tag jeden und alles an. Bei Johann geschah jetzt alles zusammen. Mit geröteten Wangen und auf Hochglanz polierten Pupillen lächelte er lallend, dümmlich in die Luft.

»Da...da...da...ah...ah«, brachte er zustande.

»Jo?« Janka kam vom Kopfstand in einen Schneidersitz. »Alles in Ordnung mit dir? Das ist nur ein Laptop. Kein Grund, die Nerven zu verlieren.«

Johann fuhr mit den Fingerkuppen zärtlich über das Gerät.

»Das ist kein Laptop, Schwesterherz! Das ist das beste, neuste, ultimativste, modernste, schnellste, flachste, schönste Meganotebook. Das ist die Königin, die Kaiserin, nein, die Göttin!«

»Wieso ist das eine sie?«, wollte Janka wissen.

»Das ist doch völlig egal, darum geht es nicht. Das ist einfach das Ultrading, und weißt du was? Es hat eine 3D-Funktion, der Speicherplatz ist unbegrenzt, und der Akku läuft siebenundvierzig Tage, hast du das schon mal gehört? Siebenundvierzig Tage? Ist das nicht der Wahnsinn?«

»Ja, der totale Wahnsinn. Echt toll.« Janka gähnte.

»Du kannst ihn haben«, sagte Frau Tossilo.

»Was?«

»Ich sagte, du kannst ihn ha-ben!«, sagte Frau Tossilo etwas lauter. »Geschenkt.«

»Aber ... aber das kann ich nicht annehmen.« Johann war plötzlich nicht mehr rot, sondern weiß im Gesicht. Er begann sogar ein bisschen zu zittern.

»Nimm es als Bezahlung für deine Drachenhütedienste und als Dank für deine Hilfe überhaupt. Außerdem ist in vier Tagen Weihnachten. Für Janka werden wir sicherlich auch noch etwas Passendes auftreiben. Vielleicht möchtest du das Dörrobstgerät?«

»Äh, nein danke!«, rief Janka schnell.

»Was hast du gegen das Dörrobstgerät?«

»Ich habe nichts gegen das Dörrobstgerät! Ich brauche es nur nicht.«

»Nun, ich brauche es auch nicht«, sagte Frau Tossilo.

»Warum haben Sie es dann gekauft?«, wollte Janka wissen.

»Aus demselben Grund, weshalb ich den Laptop gekauft habe.«

»Und der wäre?«

»Ich weiß es nicht mehr«, sagte Frau Tossilo. »Oder vielleicht wusste ich es noch nie.« Sie streichelte Kurmo über die dunklen Rückenschuppen und sah die Kinder an. »Doch eine Sache glaube ich jetzt zu wissen. Die wichtigsten Dinge im Leben sind selten Dinge.«

»Sondern?«, fragte Janka.

»Das kann ich dir nicht sagen. Weil es bestimmt für jeden verschieden ist.«

Kurmo legte seinen Kopf in ihren Schoß und gluckste ein wenig.

»Aber Frau Tossilo«, rief Johann. Immer noch völlig aufgebracht. »Das *Ding* hier war auf jeden Fall irre teuer, das steht doch in keinem Verhältnis!«

»Was steht schon im Verhältnis?«, meinte Frau Tossilo trocken.

Darauf wusste Johann nichts zu sagen. Allmählich drang mehr und mehr von dem, was jetzt Tatsache war, in sein Bewusstsein. Er, Johann, war soeben Besitzer eines wirklichen Computers geworden. Nicht der einer lahmen Krücke, sondern des schnellsten Rechners der Welt. Sein Herz wurde ein Taifun. Seine Brust ein schwingendes Lachen. Johann schwor sich, dass er Großes mit Frau Tossilos Geschenk vollbringen würde.

21
Auflösen! Kein Zwischenraum! Dort sein!

Am Nachmittag vor Silvester saß Janka in der Grätsche auf ihrem Teppich. Sie pfriemelte Perlen in den kleinen Perlenwebrahmen, den sie von ihrer Mutter zu Weihnachten geschenkt bekommen hatte. Das war eine gute Beschäftigung, um sich abzulenken, denn Janka freute sich jedes Jahr so sehr auf das Feuerwerk, dass sie ganz kribblig wurde.

»Kannst du mir mal deine Schere geben?«, fragte sie in Johanns Richtung. Er reagierte nicht, obwohl er gar keinen Kopfhörer aufhatte. Trotzdem konnte er sie nicht hören. Er konnte nichts sehen, nichts riechen, nichts fühlen, zu sehr war er hineingezogen in den Bann seines neuen Rechners.

Janka schaute auf seinen Hinterkopf. Johanns Ohren waren ganz rot. Sie zuckten sogar leicht. Kaum ein Geräusch erzeugten seine Finger, wie sie mit fliegender Leichtigkeit über die Tastatur sausten. Jetzt neigte er sich leicht zur Seite und atmete laut aus. Janka glaubte, die Luft um ihn herum flirren zu sehen. Dieser Junge dort glich nicht mehr ihrem Bruder. Er glich einem Komponisten in tiefster Versenkung, einem Magier, der etwas heraufbeschwor.

»Jo?«, flüsterte sie. »He, Johann?«

»Yes!!!!!!!«, brüllte er plötzlich. »Yes, yes, yes!« Er sprang auf und riss die Arme hoch. Sein Stuhl fiel scheppernd zu Boden. Johann wirbelte herum, seine Augen funkelten. »Janka! Ich hab's!!!«

»Du hast's? Was denn?«

»Das, von dem ich dir neulich schon erzählt habe. Auflösen! Kein Zwischenraum! Dort sein!«

»Ich kapier kein Wort.«

»Wir können es gleich ausprobieren!«, rief Johann aufgeregt und sah sich im Zimmer um. »Nimm die Kiste mit meinen Zeichnungen. Pack sie auf deinen Schreibtisch. Und dann setz dich auf dein Bett. Oder nee, lieber doch nicht meine Zeichnungen, falls was schiefgeht. Nimm deine Chucks und stell sie an die Tür!«

»Wieso meine Chucks?«, wollte Janka wissen. Diese Schuhe waren schließlich heilig. »Falls was schiefgeht«, hatte Johann doch gerade gesagt, da würde sie doch nicht ihre Chucks dafür hergeben.

»Dann halt nicht deine Chucks. Nimm was anderes, aber nichts Kleines. Wir brauchen etwas Masse.«

Janka packte die Perlensachen ins Regal und griff sich ihre Bettdecke. Sie stopfte Johanns Bettdecke und ihre beiden Kissen mit in den Bezug.

»Ist das Masse genug?«, fragte sie und freute sich, als Johann nickte. Sie zog das Decken-Kissen-Paket zur Tür und setzte sich dann wie geheißen auf ihr Bett.

Johann stellte seinen umgekippten Stuhl wieder auf und nahm den Laptop auf den Schoß.

»Hm«, überlegte er. »Vielleicht versuchen wir es gleich durch die Wand. Geh mal aufs Klo.«

»Ich muss nicht«, sagte Janka.

»Sollst du ja auch nicht. Du sollst dich da nur einschließen, sonst nichts.« Warum konnte Janka nicht einfach mal machen, was er sagte?

»Und warum, bitte, soll ich mich auf dem Klo einschließen?«

»Oah! Du bist so was von neugierig und nervig! Jetzt mach halt einfach mal!«, rief Johann ungeduldig.

Janka pustete sich gegen die Nase und verließ den Raum. Die Toilette befand sich direkt neben ihrem Zimmer. Sie öffnete die Tür. Der Vater saß auf dem Klo.

»Hoppla! Hab vergessen abzusperren.«

Janka machte die Klotür schnell wieder zu und die Kinderzimmertür wieder auf.

»Wieso, bitte, bist du schon wieder da? Ich habe doch

noch gar nicht angefangen!« Johann konnte es nicht fassen.

»Ich kann nichts dafür«, empörte sich Janka. »Papa ist auf dem Klo!«

»Na, das kann ja dann dauern«, knurrte Johann und fuhr sich durch sein zerzaustes Haar. »Aber eigentlich ist es sowieso cooler, wenn du das Verschwinden richtig mitkriegst. Das mit dem Klo war 'ne doofe Idee«, sagte er und klappte seinen Rechner weiter auf.

»Also, Schwesterherz, stell dich neben mich und schau unser Deckenpaket an. Immer volles Programm schauen. Nur auf die Decken, nicht woandershin, okay?«

Janka gesellte sich artig zu ihm, und Johann begann zu tippen. Wieder tanzten seine Finger über die Tastatur, berührten sie kaum, rasten dahin. Janka spürte, wie die Konzentration ihres Bruders auch sie ergriff. Vor ihren Augen flimmerte es. Und Ihr Herz beschleunigte sich. Wie eine Kompassnadel nach Norden, so schien es ihr, richteten sich all ihre Körperzellen dem Deckenberg zu. Und dann …?

Dann knallte es, und der Deckenberg war weg!

»Yeah!« Johann sprang hoch und hielt den Laptop in die Luft wie einen Siegerpokal.

Janka riss die Augen auf. Fassungslos starrte sie auf den Boden. Dort waren eben noch ihre Bettdecken gewesen, und nun war dort einfach nichts mehr. Im Bruchteil einer Millisekunde waren sie verschwunden. Sie hatte es mit eigenen Augen gesehen. Knall und weg.

»W-w-wo?«, stotterte sie.

»Dreh dich um!« Keinen Meter hinter ihnen lagen die Decken auf dem Boden.

»Cool, oder?«, rief Johann, vor Freude fast platzend. »Auflösen, kein Zwischenraum, Dort sein.«

»Aber, aber, aber was hast du? Wie geht das?«

»Das kann ich dir nicht so genau erklären. Zu viele Fremdwörter. Aber vereinfacht gesagt: Der Computer erfasst den Deckenberg. Speichert ihn. Löscht ihn dort vorne und fügt ihn hier hinten wieder in den Raum ein. Das Material, aus dem die Decke ist, also die Materie, wird aufgelöst und woanders wieder zusammengefügt.« Er machte eine dramatische Pause und fuhr dann mit verstellter Stimme fort:

»Meine Damen und Herren! Das Internet transportiert ab heute nicht mehr nur Daten! Es transportiert Masse! Flugzeuge sind überflüssig. Jetzt gibt es das Reisen ohne Weg. Berlin–New York im Bruchteil einer Sekunde!«

Janka war immer noch sprachlos. Aber es war auch gar nicht nötig, etwas von sich zu geben. Johann hatte noch viel zu sagen.

»Die Idee der Teleportation oder des Beamens gibt es ja schon lange. Aber bisher hat es noch niemand geschafft, es wirklich umzusetzen. Aber ich, dein Bruder, habe es heute vollbracht. Ich kontrolliere die Antimaterie. Und deswegen werde ich die ganze Sache jetzt auch neu benennen. ›Raumen‹. Ich werde es ›raumen‹ nennen. Hey, Mann, ich raume mich nach Tokio, nach Alaska, nach Hawaii. Na, wie klingt das?«

»Es klingt aufregend«, sagte Janka. Sie holte Luft, und dann grinste sie. »Hey, wie wäre es, wenn du deine Erfindung gleich mal sinnvoll einsetzt und Papa vom Klo raumst?« Ihre Blicke trafen sich, und sie gackerten los. Aber schon bald war es kein Lachen mehr über das Klo-Raumen, das spürten sie beide. Es war viel mehr Lachen aus Freude, weil die Erfindung unglaublich war, weil sie etwas miteinander teilten und weil sie einander verstanden.

22
Jahresbilanzen

Während Janka und Johann sich im neunten Stock freuten, freute Frau Tossilo sich im achten ebenfalls. Sie stand barfuß auf ihrem Flauscheteppich und wedelte Kurmo mit einem mit Zahlen bedruckten Papier um die Nüstern.

»Das ist die Heizkostenabrechnung, mein Lieber! Ich bekomme sämtliche Vorauszahlungen für dieses Jahr zurück.« Sie kicherte. »Sämtliche Vorauszahlungen! Siehst du, es kann auch Vorteile haben, dass ich eine lebendige Heizung in der Wohnung habe.« Gestern hatte Kurmo nämlich aus Versehen den großen Spiegel des Schlafzimmerschranks heruntergeschmolzen. Die Flüssigkeit war in den Teppich getropft, und es hatte eine ziemliche Sauerei gegeben. Und das alles nur, weil er zu lange gegähnt hatte. Seitdem machte er einen etwas niedergeschlagenen Eindruck, obwohl Frau Tossilo ihm wieder und wieder beteuert hatte: »Es ist nicht schlimm. Der Spiegel war sowieso scheußlich.«

Kurmo hatte sich gefragt, was an einem Spiegel scheußlich sein sollte? Ein Spiegel war doch einfach ein Spiegel. Es kam ganz darauf an, wer in ihn hineinsah, oder nicht?

Aber wenn der Spiegel erst der Anfang gewesen war? Wenn er mit seinem warmen Drachenkörper bald noch mehr Unheil anrichten würde?

»Jetzt hör doch endlich auf, so grimmig zu gucken! Hier steht es schwarz auf weiß: Deine Wärme ist gut! Sie ist gut und kostensenkend!«, rief Frau Tossilo energisch. Doch die Miene des Drachens hellte sich nicht auf. Da strich sich Frau Tossilo die Augenbrauen glatt, feuchtete die Lippen an und hob dramatisch die Arme nach vorne. Mit einer Stimme wie aus der Werbung verkündete sie:

»Sind Ihre Energiekosten zu hoch? Möchten Sie Ihre CO_2-Bilanz verbessern? Drachenhaltung! Schont Geldbeutel und Klima!«

Kurmo sah sie verdutzt an.

»Sind Ihre Tage grau? Wünschen Sie sich mehr Abenteuer? Drachenhaltung! Und Ihr Leben bekommt Farbe.«

Kurmos Blick wurde etwas offener, was Frau Tossilo dazu ermutigte, die Heizkostenabrechnung zusammenzurollen, damit ein Herz in der Luft zu zeichnen und zu rufen:

»Sind Sie einsam? Wünschen Sie sich mehr Liebe? Drachenhaltung! Und Sie fühlen sich nie mehr allein.« Sie machte einen kleinen Satz nach vorne und fuchtelte dabei wild mit der Papierrolle herum. Es sah so aus, als wolle sie einen unsichtbaren Gegner vom Flauscheteppich treiben.

»Sie wollen also einen Drachen?«, knurrte sie, jetzt gar nicht mehr werbemäßig, sondern schonungslos entschlossen, »dann machen sie sich kampfbereit. Denn auch wenn er ein Spiegelverflüssiger ist, seine Mutter würde ihn unter keinen Umständen wieder hergeben!!!« Die Papierrolle wurde ein Dolch und schnellte nach vorne. Frau Tossilo blickte auf ihren sterbenden Luftgegner, lächelte, riss beide Arme in die Höhe und verharrte. Dann ließ sie sich an Kurmos Flanke sinken, und er schmiegte dankbar seinen Kopf an sie.

»Ach, Kurmo«, seufzte Frau Tossilo nun wieder ernsthaft, »vergiss bitte wirklich den Spiegel. Das Jahr ist in wenigen Stunden vorüber. Und es war ein gutes Jahr für mich. Es war das beste Jahr überhaupt, und ich freue mich schon auf das neue mit dir. Weißt du, was? Wir gießen jetzt Blei. Schließlich müssen wir wissen, was die Zukunft bringt.«

Die Zukunft würde für Frau Tossilo viele Fische bringen. Eigentlich kam das meistens heraus, wenn sie das flüssige Blei ins Wasser goss. Lauter fischähnliche Einzelteile. Aber für Kurmo brachte die Zukunft etwas Interessanteres. Als er den Löffel, den er mit leicht zitternder Schwanzspitze über der Kerze hielt, ausleeren wollte, hauchte ihm Frau Tossilo nämlich »Wünsch dir was« ins Ohr. Der Drache schloss seine dunklen Augen. Natürlich wünschte er sich, dass er nichts mehr kaputtmachen würde, aber er wünschte sich auch, endlich fliegen zu können. Er wünschte sich Freiheit. Er wünschte sich einen Platz in der Welt und dass er trotzdem immer mit Janka und Johann und Frau Tossilo zusammenbleiben durfte. Mit all diesen Wünschen im Herzen kippte er die silbrige Flüssigkeit in die Schüssel.

»Sieht aus wie ein Laptop«, murmelte Frau Tossilo verwundert, als sie die kleine Bleiverformung aus dem Wasser herausnahm. Kurmo öffnete die Augen. Das Gebilde sah tatsächlich aus wie das Ding, das Frau Tossilo Johann geschenkt hatte.

»Und was hat das nun zu bedeuten?«, fragte Frau Tossilo.

»Weiß es nicht«, gurgelte Kurmo.

»Bedeutet es unsere Zukunft? Bedeutet es die Erfüllung deines Wunsches oder etwas ganz anderes?«

»Weiß es nicht«, gurgelte Kurmo abermals.

Und es war gut, dass er es nicht wusste, dass er nicht einmal etwas ahnte. Und auch für Frau Tossilo war es besser, nichts darüber zu wissen.

23
Drachenerwachen

Am nächsten Morgen, am ersten Morgen des neuen Jahres also, erwachte Kurmo schon sehr früh. Er erhob sich und sah zu Frau Tossilos Bett hinüber, aus dem seliges Schnarchen drang. Frau Tossilo hatte des Nachts ziemlich viel Sekt getrunken. Das Schlafzimmer war von saurem Geruch erfüllt. Wahrscheinlich würde sie noch eine ganze Weile nicht ansprechbar sein. Der Drache drehte sich also ein paarmal um sich selbst, ließ sich wieder auf den großen weißen Bettvorleger sinken und begann, sich mit der Zunge die Krallenansätze zu putzen. Er musste an die heulenden Lichtfunken denken, die heute Nacht durch den Berliner Himmel gezischt waren. Sie hatten ihm gefallen.

Besonders die grünen. Von den grünen war irgendwie etwas ausgegangen, was ihn ... *Ratsch!*

Kurmo fuhr zusammen. Was war das für ein Geräusch? War etwas gerissen? Hatte er schon wieder etwas kaputtgemacht? Die Tüllgardinen zerfetzt vielleicht? Aber da war kein Riss, kein Loch, nichts. Er erhob sich und tappte über den Teppichboden. Da durchfuhr ihn plötzlich ein Schmerz von der Brust bis zur Schwanzspitze. Schnell und grell. Er krümmte sich zusammen und fauchte.

Frau Tossilo schlief so fest. Sie hörte ihn nicht. Weder das Fauchen noch das Reißen, das wieder und wieder ertönte. Sie sah nicht, wie Kurmo sich auf dem Boden wand und wehrte. Und sie sah auch nicht, wie er sich langsam veränderte.

Draußen kämpfte sich die Januarsonne durch die Wolken und warf ihr blasses Licht auf die Stadt. Eine heiser schreiende Krähe flog über das Hochhaus. Janka öffnete ihr Fenster, um das neue Jahr hereinzulassen. Die Luft roch noch nach Silvesterknallern. Janka kämmte sich mit den Fingern das schlafzerstrubbelte Haar und sah hinaus auf die kahlen Pappelbäume. Sie gähnte, dann drehte sie sich um und ließ ihre Blicke durch das Zimmer schweifen. Johann schlief unter seiner blaugestreiften Bettdecke. Janka sah ihre Bücher und den Papierkorb, der bis oben hin voll mit karierten Blätterbällchen war. Alles war wie immer. Und doch fing ein neues Jahr an. Ein Jahr mit

Johann und ein Jahr mit Frau Tossilo und Kurmo, und Janka fragte sich, was sie wohl alles miteinander erleben würden.

Hätte der Drache gewusst, dass Janka genau in diesem Moment in Gedanken bei ihm war, hätte es ihn vielleicht beruhigt. Sein Schmerz war mittlerweile verhallt. Zurückgeblieben war nur ein leichtes Kribbeln unterhalb der Flügelansätze. Aber irgendetwas in ihm war durcheinandergeraten. Er schloss die Augen und versuchte stillzuhalten.

Erinnerungen tauchten in ihm auf. Jahrmillionenalte Ahnungen. Von Dunkelheit und Leere. Und dann von grünlichen Fasern aus Gas, die um ein dunkles Loch wirbelten. Wärme. Schlüpfen von etwas, das vielleicht er werden würde.

Rauschen. Die Ahnungen wurden jetzt greifbarer, wurden zu Tönen und Bildern. Kurmo erinnerte sich an einen Flug durch den Wind in den Sonnenaufgang. Und es waren drei Sonnen gewesen.

Er erinnerte sich an einen verschlungenen Steingarten, aus dem er nicht herausfand, nur immer tiefer hinein. Und er hörte die Stille.

Später hörte er auch Schwertklingen und Stoßkämpfe und Schreie. Und die Nacht über der Schlucht. Wie lange er doch dort gewartet hatte. Mit einer Wunde in der Flanke und unter ihm der tiefe See. Er erinnerte sich, wie eine Hängebrücke gerissen und die Reiter in den Abgrund gestürzt waren. Sein Leben war verloren gewesen. Und am Morgen waren die Boten am Horizont erschienen, die Ritter des Glücks. Und es war nichts verloren. Der Atem war da. Wieder heil werden, ganz werden, neu werden. Licht.

Der Drache blinzelte.

Eine Welt nach der anderen tat sich in ihm auf. Die Welten waren in ihm, und er war in ihnen.

Wieder heil werden, neu werden, ganz werden. Licht.

Er öffnete die Augen. Diesmal ganz. Für einen Moment verstand er nicht, wo er war. Er konnte das Schlafzimmer nicht als solches erkennen. Er sah nur Stoff, Holz und Farben. Er schüttelte sich und richtete sich auf. Zu seiner vollen Größe.

Allmählich wurden der Stoff zu Vorhängen, das Holz zum Bett, und er wurde zu Kurmo, dem Drachen. Er wusste wieder, wo er war. Und wer er war. Und dass das neue Jahr, das da zum Fenster hereinschien, ein gutes Jahr werden würde. Gut, obwohl es keinen Frieden für ihn brachte. Er spürte, dass ein seltsamer Kampf bevorstand. Einer, wie er ihn in all seinen Leben zuvor noch nie gekämpft hatte. Doch er fühlte keine Angst in sich. Er fühlte sich bereit. Frau Tossilo brauchte ihn nicht mehr zu beschützen. Nein, er würde sie beschützen! Er war jetzt nicht mehr klein. Er war ein Drache. Ein Drache der Erneuerung. Ein Drache mit unendlicher Kraft.

Wieder vernahm Kurmo das Reißen. Diesmal ganz nah

an seinem Ohr. Haut! Trockene Haut. Das war seine eigene Haut, die da riss. Ja, so hörte sich das an. Seine Drachenhaut, sie machte dieses Geräusch. Sie wurde porös und riss. Dass er das nicht gleich verstanden hatte. Häutung. Seine erste Häutung in diesem Leben fand soeben statt! Freude durchströmte ihn bis in die kleinste Kralle hinein.

Er streckte den Rücken. Das Ratschen ertönte wieder, doch jetzt klang es nicht mehr beängstigend. Kurmo räkelte sich, spannte kurz die Flügel auf. Er bog den Hals, biss sich in die Schwanzwurzel und zerrte, bis ihm ein großer blaugoldener Schuppenfetzen zwischen den Zähnen hing. Er schüttelte den Fetzen ab und schnappte wieder zu. Mehr und mehr alte Haut bekam er zu fassen und schälte sie von sich hinunter. Und darunter funkelte seine neue Hülle. Weich noch und etwas feucht. Und komplett grausilbern, wie es sich für einen fast ausgewachsenen Drachen gehörte.

»Das neue Jahr ist da«, raunte er dunkel und brausend. »Und auch ich bin neu. Ich bin nicht mehr derselbe.«

24
Veränderungen

Als Frau Tossilo gegen Mittag schließlich erwachte, traute sie ihren Augen nicht. Für einen Moment dachte sie sogar, sie hätte jetzt noch einen weiteren Drachen in der Wohnung. Denn das Geschöpf, das da neben ihrem Bett saß und stolz den Hals reckte, war ja viel größer als Kurmo. Es war ja fast so groß wie eine Kuh, und es schimmerte nicht blaugolden, sondern grausilbern. Die schönen dunklen Augen waren jetzt mandelförmig mit einem Schlitz als Pupille. Doch wie sie so direkt in sie hineinsahen, konnten sie eigentlich keinem anderen gehören.

»Meine Güte!« Sie setzte sich auf und rieb sich über das verquollene Gesicht. »Was ist denn jetzt los? Kurmo?

Wie du aussiehst! Phantastisch, ja. Wunderschön. Aber ich, also wie …?«

Kurmo legte seinen Kopf auf die Bettdecke, quer über Frau Tossilos ausgestreckte Beine.

Sie fuhr zärtlich über die silbergraue Haut. Sie gefiel ihr sehr. Aber es war ja nicht nur die Haut, die sich über Nacht verändert hatte. Frau Tossilo nahm auch die enorme Kraft wahr, die nun von dem Drachen ausging, und zu der konnte sie eigentlich nicht sagen, dass sie ihr gefiel. Eher, dass sie sich von ihr sehr beschützt, geborgen und aufgehoben fühlte.

»Wie stark du doch geworden bist. Jetzt kann dich mir wirklich niemand mehr wegnehmen!«, sagte sie und legte ihre Wange an den Drachenhals.

»Niemand!«, gab Kurmo warm und brausend zurück. Und so verharrten sie eine Weile, bis Frau Tossilo nachzudenken begann. Sie überlegte, was sie eigentlich machen sollte, wenn Kurmo weiterhin so wuchs? Die Wohnung war schließlich keine Drachenhöhle. Wo sollten sie dann hin? Und würde sie Kurmos Kraft überhaupt noch gewachsen sein? Konnte sie ihm alles geben, was er brauchte? Seine Energie schien ihr unendlich. Und unendlich war schließlich sehr viel. So viel, dass sie es nicht verstehen konnte, sie müsste ihm … wenn sie … und wie sollte sie … und …?

In ihrem Blickfeld erschien ihr Handy, von Kurmos Schwanzspitze umwickelt.

»Ich möchte Janka und Johann gerne meine neue Haut zeigen.«

»Mhm«, gab Frau Tossilo von sich, ohne etwas zu tun. Ihre Augen waren leicht glasig.

»Meine neue Haut. Ich möchte ihnen gerne meine neue Haut zeigen«, wiederholte Kurmo etwas lauter und hielt Frau Tossilo das Handy jetzt direkt unter die Nase. Endlich nahm sie es. Abwesend tippte sie. Dass Kurmo plötzlich ganz anders sprach, bemerkte sie gar nicht richtig. Auch dass ihr Haar kreuz und quer stand und dass sie sich vielleicht noch ihren pinken Schlafanzug aus und etwas anderes anziehen hätte sollen, kam ihr nicht in den Sinn. Aber als die Geschwister dann wenig später im Wohnzimmer standen, hatten sie keine Augen für zerlegenes Haar oder Nachtgewänder, sondern nur für den Drachen.

»Wow!« Janka starrte bewundernd auf Kurmos neue Schuppen. »Du siehst toll aus, Kurmo! Toll und edel!«

»Und wie groß du bist!«, stellte Johann fest. Um die Größe gleich noch beeindruckender zu machen, breitete Kurmo vorsichtig seine Flügel aus. Dabei passte er mehr als gut auf, dass er nichts von der Vitrine fegte.

»Echt groß!«, nickte Johann nochmals. »Jetzt können auch diese Typen von Black West kommen. Gegen dich haben sie wohl kaum noch etwas auszurichten.«

»Kannst du uns denn jetzt tragen?«, fragte Janka, und ihre Augen begannen hoffnungsvoll zu leuchten.

»Er ist kein Pony!«, entrüstete sich Frau Tossilo, aber Kurmo war begeistert.

»Durch das Zimmer oder über die Stadt?« Er machte ein paar Schritte zur Balkontür und sah hinaus auf die feiertagsstille Baustelle. »Heute Nacht werde ich fliegen. Geht alles gut, nehme ich euch das nächste Mal mit.«

»Du sprichst ja ganz anders«, stellte Janka erstaunt fest.

»Wie bitte?« Frau Tossilos Stimme wurde ganz hoch. »Fliegen? In der Nacht? Das kommt überhaupt nicht in Frage! Sobald dich jemand sieht, ist die Hölle los.«

»Es ist doch dunkel. Und diesig ist es heute auch. Wer sollte mich da sehen?«, fragte der Drache.

»Was weiß ich? Irgendwer. So richtig dunkel wird es ja mit all der Stadtbeleuchtung nicht. Es ist etwas anderes, in einem versteckten Park herumzuspazieren, als durch die Lüfte zu segeln. Da braucht doch nur mal jemand hochzuschauen und *zack*, bist du gefilmt, und in zwei Sekunden bist du im Netz, und nicht nur Berlin, sondern alle Welt weiß, dass es dich gibt.«

»Man sieht Kurmo doch gar nicht auf Geräten«, mischte sich jetzt Johann ein.

»Was soll das, bitte, heißen?«, rief Frau Tossilo.

»Haben Sie das noch nicht bemerkt? Er lässt sich nicht filmen. Man kann weder ein Video von ihm machen noch seine Stimme aufnehmen noch sonst was. Hier, schauen Sie doch mal!« Johann zog sein Handy aus der Hosentasche und hielt es auf den Drachen. Kurmo riss sein Maul auf, gab einen dunklen, gefährlich klingenden Laut von sich, breitete die Flügel aus und schob sich Johann entgegen. Johann zeigte Frau Tossilo den spannenden Clip vom Flauscheteppich und der Balkontür.

»Hast du auch wirklich draufgedrückt?«, fragte sie zweifelnd. »Hast du den Ton an?« Johann verdrehte die Augen.

»Man sieht rein gar nichts von dir, Kurmo. Man hört auch nichts. Unglaublich. Das ist unglaublich«, murmelte Frau Tossilo und sah noch eine kleine Weile auf Johanns Handy. Doch dann straffte sie sich: »Trotzdem! Ich finde es nicht gut, wenn du herumfliegst. Es kann dich ja auch einfach so jemand sehen. Schon bist du den Behörden gemeldet!«

Die Augen des Drachen fingen zu flackern an. Janka stellte sich neben ihn. Sie wollte etwas sagen, doch Frau Tossilo war noch in Fahrt.

»Ehe du dich versiehst, schickt die Polizei ihre Hubschrauberflotte los und macht Jagd auf dich und dann …«

»Kurmo wird weg sein, bevor die Polizei kommt«, rief Janka jetzt.

»Selbst wenn er schneller ist, es braucht ihn doch nur jemand zu sehen, wie er hier hinaus- oder hereinfliegt! Und dann haben wir den Schlamassel!«

Janka legte ihre Hand an den seidigen Drachenhals und hielt den Kopf leicht schief. In ihren Augen blitzte es.

»Man wird ihn ja auch nicht raus- und reinfliegen sehen! Er erscheint einfach. Und er verschwindet im Nichts!«

Frau Tossilos Gesicht wurde ganz spitz, sie rieb einen Fuß über den Flauscheteppich. »Was soll das denn jetzt bitte? Das ist ...«

»Technisch«, sagte Janka trocken. »Kurmo wird im Nichts verschwinden ...«

»Und hier drinnen einfach wieder auftauchen«, beendete Johann ihren Satz. Endlich hatte er begriffen, was Janka vorhatte.

»Ach! Jetzt verstehe ich. Ihr werdet ihn vom Himmel zaubern«, giftete Frau Tossilo.

»Zaubern nicht, Frau Tossilo.« Nun begannen auch Johanns Augen zu blitzen. »Zaubern können wir nicht. Aber wir können etwas anderes. Wir können raumen!«

25
Zu kurz

Es dauerte eine Weile, bis Johann Frau Tossilo klargemacht hatte, was es mit dem Raumen auf sich hatte.

»Es funktioniert ähnlich wie bei anderen Programmen: Markieren. Löschen. Einfügen«, erläuterte er. Und um das Ganze anschaulich zu machen, sprintete er kurzerhand in den neunten Stock hinauf und holte seinen Laptop.

Frau Tossilo nutzte die Chance und zog sich endlich an.

Wenig später war es dann so weit. Johann brachte den Rechner vor der Vitrine in Position. Er tippte. Plötzlich machte es *plopp!* Das kleine Kristalleinhorn war aus der Vitrine verschwunden.

»W-w-w«, machte Frau Tossilo.

Johann zog das Einhorn aus den Flusen des Teppichs heraus.

»Also doch zaubern!«, hauchte Frau Tossilo. »Ich sag es ja.« Sie streckte ihre Hand nach dem Einhorn aus, so als würde sie noch nicht ganz glauben, dass es sich dabei wirklich um ihres handelte.

Johann legte ihr die Figur in die Hände. Er zuckte mit den Schultern und grinste.

»Na ja, ein bisschen zaubern ist es vielleicht.« Dann sah er in den verhangenen Berliner Himmel hinauf und wieder auf seinen Laptop. Er schien etwas zu überlegen.

»Weshalb ploppt das so?«, unterbrach Kurmo Johanns Gedanken.

»Weil ein Vakuum, ein luftleerer Raum entsteht«, erklärte Johann sogleich eifrig. »Dort, wo das Einhorn stand, ist ja ganz plötzlich nichts mehr. Da beeilt sich also die ganze Luft drumherum hinzukommen. Und weil die Luft sich von allen Seiten gleichzeitig nähert, prallt sie in der Mitte aufeinander, und dann macht es *plopp*.«

Kurmos silbrige Schwanzspitze ringelte sich um Frau Tossilos Gummibaum.

»Was ist, wenn du mich vom Himmel löschst? Nur löschst und nicht mehr hier ins Wohnzimmer einfügst? Wo bin ich dann? In deinem Rechending drin? Oder gibt es mich dann gar nicht mehr?«, fragte er und erschrak leicht, weil er versehentlich ein dickes Blatt abgezupft hatte.

Johann lächelte. »Es geht nur Löschen-und-Dort-sein gleichzeitig. Es gibt kein Dazwischen. Es gibt kein Nicht-Einfügen. Du wirst immer da sein. Keine Angst.« Kurmo wollte noch etwas erwidern, da machte Johann plötzlich einen Satz nach vorne, zurück zu seinem Laptop.

»Aber vielleicht könnte man …«, rief er, und seine Wangen wurden mit einem Mal rötlich, sein Unterkiefer zitterte, und seine Finger begannen über die Tastatur zu irren. Schnell und schneller. Ab und zu waren Wortfetzen wie »Speicherplatz unbegrenzt …«, »… wenn es ein Spiel wäre …« und »… Raumen ist heute, aber morgen …« zu hören. Dann wurde Johann still. Nur manchmal sog er hastig Luft ein.

»Den können wir erst mal vergessen«, stellte Janka nüchtern fest und pustete sich ein paar Haare aus der Stirn. Sie wusste ja, was passierte, wenn in Johann eine neue Computeridee explodierte und er sie verfolgte. Sie wusste, in welche Sphären er dann abtauchen konnte und vor allem, dass man ihn daraus nicht so leicht wieder zurückbrachte.

Aber eigentlich war es doch gerade um Kurmo gegangen. Eigentlich war es doch darum gegangen, wie er einen sicheren und unentdeckten Flug über die Stadt erleben konnte. Das musste doch jetzt erst mal organisiert werden. Da konnte man sich doch nicht einfach in die nächste Idee stürzen. Ein Glück, dass sie auch noch da war.

Janka vereinbarte also mit Kurmo und Frau Tossilo, dass

noch heute Nacht der erste Flug stattfinden sollte. Bis zur Nacht hätte sich Johann bestimmt wieder beruhigt.

»Also«, wendete sie sich an den Drachen. »Jo und ich kommen um kurz vor zwei Uhr runter. Startbahn: Flauscheteppich, okay?«

Kurmo nickte, und Janka fuhr fort.

»Johann raumt dich um zwei Uhr raus, und du kannst zwei Stunden fliegen? Reicht dir das wohl?« Kurmo nickte wieder.

»Um vier Uhr musst du dich dann genau oberhalb des Fernsehturms befinden, über den Wolken natürlich, damit dich keiner sieht. Jo wird dann deine Koordinaten in den Computer eingeben und kann dich wieder hier hereinraumen. Kriegst du das hin? Ich meine, das mit der genauen Uhrzeit, dem Turm und so?«

»Natürlich bekomme ich das hin«, raunte Kurmo, und seine Schuppen zitterten leise vor Vorfreude.

Die Dämmerung kam. Auf den Kränen der Baustelle ließen sich Krähen nieder. Ehe sie die Schnäbel unter die Flügel steckten, blinzelten sie noch einmal zum Hochhaus hinüber. Es war mit erleuchteten Fenstern übersät. Je weiter der Abend vorrückte, erloschen diese Lichtrechtecke, eines nach dem anderen, bis das Haus schließlich komplett dunkel war. Die Krähen schliefen ein. So bemerkten sie nicht, dass sich mitten in der Nacht ein Fenster wieder erhellte. Die grässlichen Tüllgardinen waren zugezogen.

Sie konnten nicht sehen, wie zwei aufgeregte Kinder und eine noch aufgeregtere Frau erschienen. Und ein silbrig schuppiges Geschöpf, das mit seinen Krallen in einem wuscheligen Teppich herumfuhrwerkte.

»Du musst jetzt mal stillhalten, Kurmo«, sagte Johann streng und begann zu tippen.

»Und lass doch bitte den Teppich los«, rief Frau Tossilo. »Nicht dass der noch mitgeraumt wird.«

»Ich wünsche dir viel Spaß«, flüsterte Janka und lächelte Kurmo an.

Der Drache legte den Kopf leicht in den Nacken und blinzelte den dreien zu.

Johann drückte auf *Enter*. Noch im selben Moment schien die Luft Wellen zu schlagen. Es knallte. Nein, eher donnerte es. Der Flauscheteppich machte einen kleinen Satz, und dann war Kurmo verschwunden.

Die drei Zurückgebliebenen starrten auf den leeren Teppich. Bis Janka zur Besinnung kam, den Vorhang zur Seite riss und auf den Balkon stürmte. Johann und Frau Tossilo folgten ihr. Gebannt blickten sie in den nachttrüben Himmel empor. Dort war nichts zu sehen. Sie suchten den Häuserhorizont ab, schauten nach unten, aber nirgends war eine grausilberne Kreatur zu entdecken. Sehr gut. Wenn sie ihn nicht sehen konnten, sah ihn bestimmt auch niemand anderes.

Aber hoffentlich war alles gutgegangen. Hoffentlich war Kurmo heil über den Wolken angekommen.

Frau Tossilo schaute auf ihre Handyuhr. Es war immer noch zwei. Natürlich. Kurmo war ja auch eben erst verschwunden. Und trotzdem kam es ihr schon zu lange vor. Schließlich flog Kurmo jetzt ganz alleine durch die Welt. Weit weg von ihr. Um seine Nüstern wehte die Luft der Freiheit und ... die Tür zum Wohnzimmer wurde geöffnet.

»Ich habe es mir anders vorgestellt«, brauste die schöne dunkle Stimme.

Janka, Johann und Frau Tossilo fuhren herum. Kurmo stand im Wohnzimmertürrahmen. Um seine Nüstern wehte lediglich die Luft aus Frau Tossilos Wohnung. »Ich habe gedacht, es gehe in die Wolken. Nicht in den Gang.«

»Oh.« Johann runzelte die Stirn. »Aber wieso?« Das Raumen hatte nicht geklappt. Jedenfalls nicht weit. Vielleicht habe ich ja etwas vergessen, dachte er und starrte auf den Rechner. Dann murmelte er: »Lass es uns doch einfach noch einmal versuchen, okay?«

Kurmo stellte sich also wieder auf den Flauscheteppich, und Johann konzentrierte sich noch mehr als beim ersten Mal. Er tippte jede Zahl, jedes Zeichen, jede Leerstelle mit Bedacht.

Wieder schlug die Luft Wellen. Wieder donnerte es. Wieder verschwand Kurmo. Und diesmal tauchte er auch nicht wieder auf dem Gang auf. Dafür aber hinter dem Gummibaum. Johann raufte sich die Haare und drückte erneut auf *Enter*. Kurmo erschien neben dem Sofa wieder.

»Meine Damen und Herren, das Internet transportiert

nicht nur Daten, es transportiert jetzt auch Masse«, rief Janka. »Ab jetzt können Sie einen kompletten Meter online zurücklegen und brauchen ihn nicht mehr selbst zu gehen. Gepriesen sei die Technik!«

»Halt die Klappe!«, zischte Johann. »Ich finde schon noch raus, woran es liegt und wie ich die Strecke hinbekomme!« Er ärgerte sich. Nicht nur darüber, dass das Raumen nicht wirklich funktionierte, sondern vor allem über sich selbst. Weshalb hatte er nie versucht, die Dinge weiter weg erscheinen zu lassen? Jankas Bettdeckenberg und das kleine Einhorn hatte er im selben Zimmer wieder auftauchen lassen. Und alles andere, mit dem er geübt hatte, ebenfalls. Er war einfach davon ausgegangen, dass er die Dinge problemlos auch weiter wegschicken konnte. Nein, eigentlich war er nicht davon ausgegangen, er hatte einfach gar nicht daran gedacht.

Wütend gab Johann ein weiteres Mal seine Berechnungen ein. Er ersetzte eine Null durch eine Eins und drückte auf *Enter*. Kurmo verschwand und tauchte auf. Auf dem Kunstrasen des Balkons. Die kalte Berliner Nachtluft umschlang seinen Körper und strich lockend über die silbrigen Schuppen. Kurmo dachte nicht mehr daran, dass ihn vielleicht jemand würde sehen können. Zu stark entfachte die Luft seinen Freiheitsdrang. Mit einem Satz sprang er auf das Balkongeländer, stieß sich ab und schwang sich in den grauen Wolkendunst empor.

»Kurmo!«, rief Frau Tossilo ihm nach und stürzte nach

draußen. »Kurmo!« Doch der Drache hörte sie nicht mehr. Zu weit war er schon gestiegen. Er flog höher und höher und schneller, und jeder Flügelschlag fächelte Glück durch seinen warmen Leib. Schon durchbrach er die Wolkendecke. Ein fast voller Mond begrüßte ihn. Weißsilbernes Licht überall und ferne Sterne, die zu lachen schienen. Kurmo bremste scharf und warf sich herum. Dann legte er die Flügel eng an den Körper und ließ sich wieder fallen. Die vorbeirasende Luft berauschte ihn. Jede Schuppe, jeder Muskel, jede einzelne Zelle vibrierte vor Lebendigkeit. Er breitete die Flügel wieder aus, fing den Sturzflug ab, stieg abermals und pustete seinen Drachenatem in die Nacht hinaus.

Später legte er sich auf den Rücken und ließ sich treiben. Nur hin und wieder bewegte er sachte seinen Schwanz, um nicht abzustürzen. Als er den Hals wohlig streckte, öffnete sich plötzlich etwas an dessen Seiten, direkt unterhalb des Kiefers. Filigrane Tentakeln flirrten hervor. Fein wie grausilbernes Seegras glitten sie umeinander herum und formierten sich schließlich zu einem zweiten Paar hauchzarter Flügel. Jetzt konnte Kurmo auch die engsten Kurven geschmeidig durchfliegen.

Der Morgen begann schon heranzuziehen. Zeit für den Rückweg. Nach einer Weile vernahm er die Stadt unter sich, ließ sich sinken und kam durch den Dunst. Dunkel tauchten Berlins Häuser, Schlote und Bäume auf. Die zugefrorene Spree sah aus wie ein schwarzes Band. Durch die endlosen, laternengesäumten Straßen krochen vereinzelte Autoscheinwerfer. Jetzt nur schnell nach Hause, ehe die Dämmerung hereinbrach und die Stadt zum Leben erwachte.

Die Baustellenkrähen flogen erschrocken auf, als der Drache auf einem der Kräne landete. Schläfrig und dunkel ragte das Hochhaus vor ihm auf. Nur in der Mitte brannte Licht. Dort stand Frau Tossilo am Fenster und sah suchend nach oben. Wie klein und zerbrechlich sie in dem Betonkasten aussieht, dachte Kurmo und hätte ihr gerne zugerufen. Aber er wollte sie nicht erschrecken. Vorsichtig stieß er sich von den Metallstreben ab und peilte den Balkon an. Dieser Anflug war wesentlich schwieriger, denn der Balkon war überdacht. Kurmo musste genau hineintreffen, und die Landefläche war nicht gerade groß. Doch die Tentakelflügel glitten luftig zu den Seiten und ließen ihn ohne das leiseste Holpern auf dem Kunstrasen aufsetzen. Die Balkontür wurde aufgerissen.

»Niemals! Niemals hätte ich diesen Unfug erlauben dürfen.« Frau Tossilo fiel ihm um den Hals und drückte ihre Wangen an seine seidige Haut. Sie zog ihn in die Wohnung.

»Beim nächsten Mal musst du mitkommen«, konnte Kurmo noch raunen, dann knickten seine Beine ein. Erschöpft sank er auf den weichen Teppich und war im nächsten Moment auch schon eingeschlafen. Seine Tentakel hingen jetzt schlaff an seinem Hals herunter, doch seine Flügel und Nüstern vibrierten, als flöge er im Traum schon wieder weiter.

26
Kaum ist man mal aus dem Haus

»Beim nächsten Mal musst du mitkommen«, hatte Kurmo ja zu Frau Tossilo gesagt, bevor er in den Schlaf gefallen war. Aber aus dem Mitkommen wurde nichts. Frau Tossilo traute sich nämlich nicht. Und außerdem war es viel zu kalt. Auch Johann traute sich nicht.

»Ich bin nicht unbedingt wild drauf, durch die Lüfte zu rasen«, meinte er. »Und schon gar nicht aufs Runterfallen.« Aber Janka wollte Kurmo gerne begleiten. Nur musste sie dazu auf den Frühling warten. Hoch oben in der nächtlichen Winterluft konnte es ein Drache aushalten, ein Mensch würde umkommen.

Ende Februar wurde es dann auch tief unten mehr als

unwirtlich kalt. Die ganze Stadt fror. Das Berliner Wasseramt gab sogar die Spree als *offiziell begehbares Gewässer* frei.

Warum heißt das nicht *offiziell befahrbar?*, fragte sich Janka, denn genau das hatte sie für diesen Nachmittag vor. Heute lag kein Zettel auf dem Küchentisch, auf welchem stand:

Wir sind unten bei Frau Tossilo, kommen zum Abendessen wieder, sondern: *Ich habe Johann zum Eislaufen überredet, sind um sechs daheim. Liebe Grüße, Janka.*

Der Himmel war wolkenlos. Die Luft roch ein wenig nach Kohle, und ein leichter Wind strich den Geschwistern übers Gesicht, als sie dick eingemummelt die vereisten Gehwege entlang zum Fluss wanderten. Als sie dort ankamen, mussten sie an der Ufertreppe ein wenig warten. Anscheinend wollte halb Berlin ebenfalls aufs Eis. Unten zwängten sie sich zwischen den Leuten durch, setzten sich auf die kleine Mauer und zogen ihre Schlittschuhe an.

Mit ihrer Klasse ging Janka ab und zu ins Eisstadion, aber Johann war schon sehr lange nicht mehr gefahren. Janka wollte unbedingt, dass er sich sicher fühlte und dass es ihm gefiel. Also fuhr sie erst einmal ganz langsam an. Doch ihre Sorge war unbegründet. Johann rief: »Das Eis ist toll! Superglatt und ohne Schnee drauf, was will man mehr?«, und raste auch schon los. Janka folgte ihm.

»Willst du Cola?«, rief sie und kickte im Vorbeifahren gegen eine eingefrorene Flasche.

»Nee, grade nicht! Gib du lieber mal ein bisschen Gas«, schimpfte Johann über seine Schulter. Er düste über die weiße Fläche und kurvte um eine Familie mit Schlitten herum. Ein großer schwarzer Hund kam auf unsicheren Pfoten angeschlittert. Johann wich aus, Janka hinterher. Unter der Brücke stieß sie einen Schrei aus, um das Echo zu testen. Johann glaubte, sie riefe ihn, und verlangsamte. Janka zischte vorbei.

»Hey!«, brüllte Johann. »Na warte!«

Schmutzig-schwarze Backsteinwände rauschten vorüber, das riesige Heizkraftwerk mit seinen grauen Schloten. Dann moderne Gebäude, geschwungen, verspiegelt, und manchmal oben breiter als unten. Aber Janka hatte keine Augen für moderne Architektur, sie sah weder nach rechts noch nach links. Sie genoss nur die Geschwindigkeit und den Fahrtwind im Gesicht. Alles in ihr fühlte sich warm und frei an. Keine Autos, keine Busse, die sie beachten musste. Keine Pfeile und Schilder und Ampeln, die ihr sagten, was sie zu tun hatte. Sie konnte sich bewegen, wie sie wollte. Und sie schaffte es, unglaublich schnell zu werden. Und das ganz aus eigener Kraft. So ähnlich war für Kurmo vielleicht das Fliegen. Janka sah zum Himmel. Die Flugzeuge hatten die blaue Unendlichkeit mit ihren weißen Streifen in Felder unterteilt. Das Tolle am Fliegen ist ja eigentlich auch der Platz, dachte

Janka. Wenn es nun alle könnten, wenn da oben alle anderen auch wären, dann würde es mich gar nicht mehr so sehr dort hinziehen.

»Da vorne!«, keuchte Johann plötzlich dicht hinter ihr und deutete auf eine eingefrorene Boje, die im Sommer den Schiffen zur Orientierung diente. »Die da um das runde Teil rumwitscht, ist das nicht Lenya?« Das Mädchen mit der neongrünen Mütze und dem schwarzen Anorak, das gerade einem Jungen nachjagte, sah wirklich aus wie Lenya. Und der Junge? Das war ja Marlon! Wie kam denn der hierher? Janka hätte niemals gedacht, ihn hier anzutreffen. Sie hatte geglaubt, Marlon säße nur daheim und lese schwierige Bücher. An den Eislauftagen der Schule war er jedenfalls jedes Mal krank gewesen. Absichtlich, hatte Janka immer vermutet. Aber jetzt? Jetzt fuhr er hier herum, und das gar nicht mal schlecht. Jedenfalls wich er Lenya ziemlich geschickt aus.

»Halloooo!!!« Janka winkte den beiden zu.

»Hey, Janka, wie cool! Hi, Johann!«, rief Lenya zurück und fuhr ihnen entgegen. Marlon kam hinterher. Kaum waren die beiden heran, stahl Lenya Janka die Mütze und sauste davon.

»Das wirst du büßen!« Johann schoss ihr hinterher. Aber Lenya büßte nichts, denn bevor Johann sie packte, schleuderte sie die Mütze von sich. Marlon direkt vor die Füße. Verdutzt sah er nach unten. Unschlüssig, was jetzt zu tun sei.

»Penn nicht rum, rette unsere Beute!«, brüllte Lenya.

Marlon bückte sich und hob die Mütze hoch. Ehe Johann ihn erreichte, fuhr er los. Er wurde schnell ziemlich schnell. Mit den unglaublichen Haken, die er schlug, kam Johann nicht mit. Aber Marlon brachte schließlich die Mütze freiwillig wieder zurück. Es sei zu kalt für solche Spiele, meinte er und lächelte Janka an.

Dann zeigten sie sich gegenseitig Figuren und Tricks. Marlon war zwar schnell und konnte so bremsen, dass es einem die Hose mit abgeschabtem Eis vollspritzte, aber dafür konnte er keine gesprungene Pirouette wie Lenya und auch keinen Spagat auf dem Eis wie Janka. Johann hielt sich bei der Aktion zurück. Er konnte gut geradeaus fahren. Das wollte er jetzt nicht vorführen.

Später liefen sie noch eine Weile einfach so dahin, den Fluss hinunter, am Treptower Hafen vorbei. Zwei im Eis gefangene Ausflugsschiffe warteten hier auf wärmere Zeiten. Vor ihnen tauchte die Insel der Jugend auf. Verschneit und ruhig. Rechts vom Frost umsponnene Bäume, links ein Kieswerk.

»Wollen wir nicht mal wieder umdrehen?«, fragte Lenya. »Es ist schon ziemlich dämmrig.«

Janka wäre gerne noch weiter gefahren. Weiter und weiter, weg von der Stadt und weiter und weiter. Sie dachte wieder an Kurmo. Er hatte ihr erzählt, dass es ihm schwerfiel umzudrehen, wenn er mal losgeflogen war. Vorgestern hatte er deshalb mit Frau Tossilo ausgemacht, dass er zwei

Nächte wegbleiben würde. Tagsüber würde er sich in einem Wald verstecken, aber in der Nacht wollte er einfach fliegen und fliegen, ohne an die Rückkehr denken zu müssen.

»Ja, lasst uns umdrehen. Auch umdrehen kann manchmal zum Ziel führen«, rief Marlon.

Johann sah Marlon etwas irritiert an, aber Janka rief:

»Na gut, also umdrehen, aber nur, wenn das Ziel Waffelpavillon heißt!«

Das fanden alle gut, und so fuhren sie zurück. Schlittschuhe aus und Straßenschuhe an.

Es war schon dunkel, als sie am Waffelpavillon ankamen. Die kleine Bude war mit einer Lichterkette umrahmt, und der Duft, den sie verströmte, war hell und süß. Die vier gönnten sich Waffeln mit Zimt und Zucker und heißen Kakao dazu, der zwar etwas nach Wasser schmeckte, aber Janka und Johann genossen ihn trotzdem. Draußen etwas zu naschen und zu trinken, das taten sie nicht oft. Und es war schön mit Lenya und Marlon hier zu stehen, den Atemwolken hinterherzuschauen und wohlig erschöpft zu sein.

Später, als Janka und Johann sich bereits wieder im Aufzug des Hochhauses befanden, waren ihre Gesichter immer noch ganz erhitzt. Janka lehnte sich an die Aufzugwand und seufzte:

»Ich bin so was von k. o., du auch?«

»Überhaupt rein gar nicht«, behauptete Johann und grinste.

Sie waren so guter Dinge, dass sie den Mann hinter dem großen Blumenstrauß, der bereits in der Kabine gestanden hatte, kaum bemerkten. Erst als er im achten Stock ausstieg und sie noch sahen, dass er auf Frau Tossilos Wohnungstür zustrebte, ehe die Aufzugtüren sich wieder schlossen, nahmen sie ihn richtig wahr.

»Wer war denn das?«, kicherte Johann. »Hat Frau Tossilo etwa einen Verehrer?«

»Aber davon hat sie uns gar nichts erzählt«, meinte Janka.

»Das würde ich auch nicht, wenn ich sie wäre. Oder würdest du ihr etwa erzählen, dass du in Marlon verknallt bist?«

Janka trat ihrem Bruder auf die Fußspitze. »Blödmann!«

Neunter Stock. Der Fahrstuhl öffnete sich wieder. Sie hörten, wie der Mann aus dem Fahrstuhl ein Stockwerk tiefer das Papier vom Blumenstrauß riss und wie er »Na komm, mach schon auf!« murmelte.

»Kaum ist Kurmo mal einen Tag aus der Wohnung, lädt sie sich einen Typen ein«, flüsterte Johann, grinste und winkte Janka zur Treppe. So leise sie konnten, schlichen sie ein paar Stufen nach unten und spähten dann auf den massigen Rücken des Mannes. Er hatte seinen Mantel bereits ausgezogen, ihn sich über den Arm gehängt und zupfte an seinem Sakko herum. Abermals drückte er den

Klingelknopf. Jetzt ging die Tür auf. Frau Tossilo machte ein ziemlich verdattertes Gesicht. Oder ein erschrockenes. So genau war das nicht zu erkennen.

»Guten Abend, Frau Tossilo. Ich hoffe, Sie erinnern sich noch an mich?«, kam es von dem Besucher, dann reichte er ihr den Blumenstrauß.

»Äh, j-ja. Äh, natürlich, aber wieso …«, stotterte Frau Tossilo.

»Ach, ich bin geschäftlich in der Stadt. Und da dachte ich mir, ich schaue mal vorbei, erkundige mich persönlich, ob Sie mit unseren Wollprodukten zufrieden sind und überhaupt, wie es Ihnen so geht. Dürfte ich denn vielleicht hereinkommen? Oder störe ich?«, fragte der Mann.

Über Frau Tossilos Gesicht lief erst ein Flackern, dann ein Lächeln, dann bekam sie rote Flecken auf dem Hals, und dann sagte sie: »Ja, ähm, warum eigentlich nicht?«, und ließ den Deckenpeter in ihre Wohnung.

27
Die eine Hälfte eines Telefongesprächs

In einem anderen Hochhaus, in einem anderen Land betrat ungefähr zur gleichen Zeit ein Mann mit aschblondem Haar und einem schmallippigen Mund einen weitläufigen Konferenzraum. Ein Handy ans Ohr pressend, setzte er sich in einen schwarzen Drehledersessel. Er setzte sich so, als hätte er keine Zeit zu sitzen, als müsse er jeden Augenblick wieder aufspringen. Er drehte den Sessel, um aus den bodentiefen Fenstern zu blicken. Wobei es eigentlich nicht viel zu blicken gab, denn es war ja dunkel, und die Fensterfront ging zu einem See hin; und der war um diese Zeit einfach eine schwarze Eisfläche.

»Sherpa Sarvas!«, presste der Mann nun zwischen den

schmalen Lippen hervor und hielt das Handy etwas auf Abstand. »Jetzt halten Sie mal die Luft an. Ich sagte Ihnen doch bereits, dass unser Mitarbeiter der Sache in Berlin nachgeht. Er ist soeben vor Ort.« Mit zwei Fingern lockerte er seine Krawatte und öffnete den obersten Knopf seines Hemdes.

»Ja, wir geben zu, das mit dem farbigen Koffer war unsere Idee. Sie konnten nichts für die Verwechslung. Aber nun haben wir das Ding ja wieder besorgt, und sowohl Box als auch Inhalt waren unberührt. Wie stellen Sie sich das jetzt vor? Man muss doch erst einmal abklären, ob das Vieh trotzdem überhaupt dort ist. Es könnte schließlich auch sein, dass Sie unrecht haben! Dass ihre Schlüpfungsberechnungen nicht ganz korrekt gewesen sind. Wenn das Biest nun erst in zwei Monaten schlüpfen wird und wir schlagen jetzt schon zu, dann haben wir unnötigen Ärger am Hals, verstehen Sie?« Anscheinend verstand der Mensch, mit dem er telefonierte, nicht, denn der Schmallippige knurrte nun fast:

»Black West hält nichts von Hals-über-Kopf-Aktionen. Wir setzen auf Struktur. Sie bekommen Ihr Geld schon noch, Sherpa Sarvas!« Er öffnete noch einen weiteren Knopf seines Hemdes, holte Luft und bemühte sich wieder um einen gelasseneren Ton.

»Sie haben mein Wort. Wir kümmern uns.« Es entstand eine längere Pause. Nur der Atem des Mannes war noch zu hören.

»Wie bitte?«, rief er plötzlich. »Was soll das heißen? Falls er schon geschlüpft ist, ist er geprägt? Auf diese Frau geprägt? Nun ja, das zu schnelle Wachstum kann uns gleich sein. Solange die Kreatur noch formbar ist, ist alles in Butter. Wir werden ihn uns dann schon noch zurechtstutzen!«

Der Mann schnellte nun aus dem Ledersessel, schritt die Glasfront entlang und wischte über einen Miniscreen an einer Fensterstrebe, um die elektrischen Jalousien herunterzulassen. »Sie hören von uns, sobald es Neuigkeiten gibt! Auf Wiedersehen!« Er beobachtete sich selbst, wie er mit der tiefer gleitenden Jalousie aus der Fensterspiegelung verschwand.

Mit einem Mal verzog sich sein dünner Mund zu einem breiten Lächeln. Auf die Frau geprägt? Möglicherweise war das gar nicht schlecht. Nein, möglicherweise war das das Beste, was ihnen passieren konnte. Denn an der Prägestelle würde der Drache verwundbar sein. Nur eine kleine Aktion war nötig, und das Vieh würde ihm aus der Hand fressen. Schnell tippte er in sein Handy.

Das Felsengehege sowie alle Eisenketten grün streichen! In der Mitte Panzerglaszimmer mit Panzerbetonrückwand einziehen lassen. Bett kaufen.

Dann trat er vor einen großen Spiegel neben der Tür. Er sah sich in die habichthellen Augen, dann senkten sich seine spärlichen Wimpern darüber, und er murmelte:

»Egal, ob der Drache nun tatsächlich erst noch aus dem

wiederbeschafften Ei schlüpft oder ob die Dame uns, wie der Sherpa befürchtet, irgendwie hinters Licht geführt hat und er schon bei ihr ist ...« Mit den Fingern machte er eine Art Pistole, die er langsam auf sein Spiegelbild richtete, bevor er die Augen wieder öffnete. »Hier steht die Zukunft. Black West ist die Macht von morgen!« Er feuerte die Fingerpistole mit einem gestoßenen Zischlaut ab, lachte schallend, knipste das Licht aus und verließ den Raum.

28
Blanke Nerven

Der nächste Tag war ein Samstag. Janka lag im Bett und sah sich ein Buch mit Vertikaltuchfiguren an. In Gedanken ging sie immer wieder ihre Abfolge durch. Sie hatte nachher noch ein extra Training, da sie nächstes Wochenende mit der Tuchgruppe zu einem Jugendzirkustreffen fahren würde. Johann schlief noch, als sein Handy vibrierte.

Hallo, ihr beiden, Kurmo kommt ja erst heute Nacht wieder, könntet ihr trotzdem nachher runterkommen? Das wäre sehr nett von euch, schrieb Frau Tossilo.

»Die hat Nerven! Es ist gerade mal halb neun. Sollen wir etwa noch ihren Blumenstraußromeo kennenlernen, bevor er sich verabschiedet? Oder wieso weckt sie uns?«, schimpfte Johann und gähnte.

»Stell es halt aus.« Janka klappte ihr Buch zu und schwang sich aus dem Bett. »Dann passiert dir so was nicht.«

Johann wollte ebenfalls aufstehen, fiel aber mit einem Stöhnen zurück in die Federn.

»Aaaaaahhhhhhhhh.«

»Was ist denn jetzt schon wieder?«

»Muskelkater«, ächzte Johann. »Ich laufe nie wieder Schlittschuh. Das ist ja die reinste Folter. Meine Beine und die Füße. Alles tut weh.«

»Komm schon, Jo, mach nicht so ein Drama. Steh auf und lass uns gleich runtergehen. Ich will wissen, was Frau Tossilo will.«

»Ich komm ja schon, ich komm ja schon«, maulte Johann und wuchtete sich schwerfällig in die Senkrechte. »Aber es tut wirklich weh.«

Als sie schließlich Frau Tossilo gegenüberstanden, sah diese auch so aus, als würde ihr etwas weh tun. Sie hatte ganz dunkle Ringe unter den Augen.

»Hallo, Janka, hallo, Johann. Wie gut, dass ihr da seid.« Die Schüttel-Nick-Bewegung, die sie machte, bedeutete wohl, dass die Kinder schnell eintreten sollten.

Die Wohnung sah leer aus. Kurmolos.

»Ich hatte gestern Abend Besuch«, begann Frau Tossilo

gleich, und Janka und Johann nahmen währenddessen auf dem Flauscheteppich Platz. »Da war ein Herr bei mir. Na ja, erst dachte ich mir, er will zu mir, aber im Laufe des Abends dachte ich mir dann etwas anderes.«

»Wieso? Was denn?« Janka fischte sich eine Salzstange aus einem rosa Glasgefäß, das auf dem Wohnzimmertisch stand.

»Ach, ich weiß auch nicht, also, er war sehr höflich und machte Scherze. Er bewunderte meine Vorhänge, meine Vitrine und meinen Teppich. Und auch vom Gummibaum war er ganz hin und weg. Ganz genau angeschaut hat er ihn sich. Ich sage euch, was war ich froh, dass das Ding frisch abgestaubt war. Den ganzen Tag hatte ich ja geputzt, hatte es ausgenutzt, dass Kurmo unterwegs ist, und habe mal wieder alles poliert und gewaschen. Sogar Kurmos Kratzspuren an der Wand habe ich überpinselt, und an den Schlafzimmerschrank habe ich gestern einen neuen Spiegel montieren lassen.« Frau Tossilo ließ sich nun ebenfalls nieder, nicht auf den Teppich, sondern auf die Couch.

»Nun ja, wir haben also dann etwas Wein getrunken und uns unterhalten. Es war sehr nett. Dann ist er zur Toilette gegangen. Da ist mir eingefallen, dass ich ja noch gar kein frisches Handtuch hingehängt hatte, also wollte ich aus meinem Gästezimmerschränkchen eines holen gehen. Und da stand der Mann dann tatsächlich in diesem Zimmer und sah sich darin um. Oh, sagte er, er habe wohl zu viel getrunken und sich verlaufen. Hurtig ist er aufs Klo. Ich war so verwirrt, dass ich das Handtuch dann doch vergessen habe. So viel getrunken hatten wir doch noch gar nicht. Mich hat plötzlich ein ganz unangenehmer Verdacht beschlichen. Was, wenn dieser Mann gar nicht zu mir wollte? Was, wenn er in Wahrheit nach Kurmo suchte?«

Johann nahm sich auch eine Salzstange und kaute auf seiner Lippe.

»Woher kannten Sie den Mann denn?«

»Kennen ist übertrieben. Er hat mir in Mexiko ein paar Bettdecken verkauft, das ist eigentlich alles«, sagte Frau Tossilo. Sie sah still und nachdenklich aus.

»Und wie ging es dann weiter?«, wollte Janka wissen.

»Als er wieder von der Toilette kam, fragte er, ob er eigentlich mal die Wollprodukte, die ich bei seinem Unternehmen gekauft hatte, inspizieren dürfe. Und da war ich mir plötzlich ganz sicher, dass er das nur sagte, damit er ins Schlafzimmer käme. Denn wo sollen denn Bettdecken sonst sein, wenn nicht im Schlafzimmer? Da ich ja wusste, das alle Kurmospuren verwischt waren, sagte ich: »Selbstverständlich, Herr Deckenpeter, folgen Sie mir unauffällig!«, und habe ihn ins Schlafzimmer geführt und die Decken aus dem Schrank geholt. Die sind ja immer noch in ihrer Verpackung drin, die habe ich ja noch gar nicht aufgemacht. Und dann habe ich ihn angezischt. »So!«, habe ich gefaucht, »sind Sie jetzt zufrieden?« Er ist ganz unsicher geworden und hat sich bald verabschiedet. Ja, und jetzt denke ich mir schon die ganze Nacht, was bin ich doch für eine dumme Nuss. Was, wenn dieser Mann gar nicht nach Kurmo gesucht hat? Was, wenn er tatsächlich *mich* besuchen wollte? Was, wenn er einfach unsicher war und das mit den Bettdecken einfach nur so gesagt hat, als Gesprächsthema eben? Der Kerl gefällt mir nämlich eigentlich ganz gut, und nun habe ich ihn vertrieben, vielleicht ganz umsonst vertrieben, wo er doch schon mal hier war, und die Blumen sind doch so schön, und ...«

Janka nahm Frau Tossilos Hand. Sie dachte an den Blumenstrauß, den ihr Vater ihrer Mutter neulich nach einem Streit mitgebracht hatte und über den sich die Mutter gar nicht richtig gefreut hatte.

Der Blumenstrauß des Vaters war groß gewesen. »Je größer der Blumenstrauß, umso schlechter das Gewissen«, hatte Jankas Mutter dazu gesagt. Der Blumenstrauß, der da auf Frau Tossilos Vitrine stand, war dreimal so groß wie der des Vaters.

»Frau Tossilo«, sagte Janka, »ich glaube, Sie haben es richtig gemacht.«

»Ja? Meinst du?«

»Ich denke auch«, schaltete sich jetzt Johann ein. »War doch eigentlich klar, dass die von Black West noch mal auf die Suche nach ihm gehen, wenn kein Drache aus dem geflickten Ei schlüpft. Aber jetzt brauchen wir uns gleich doppelt nicht mehr zu sorgen. Erstens denken die jetzt,

Kurmo sei gar nicht hier, und wenn sie eines Tages noch mal kommen sollten, dann können sie Kurmo doch gar nichts machen. Er kann schließlich jetzt fliegen und ist unglaublich stark geworden.«

Frau Tosslio starrte auf Jankas kleine Hand, die die ihre hielt. Sie wollte ihre Hand wieder zu sich ziehen, aber dann ließ sie sie einfach dort. Die Berührung fühlte sich so gut an.

»Wisst ihr was?«, sagte sie plötzlich. Ihre Entschlusskraft war zurückgekehrt. »Was haltet ihr davon, wenn wir alle zusammen mal wegfahren? Kurmo, ihr beide und ich? Dort, wo ich aufgewachsen bin, gibt es im Wald einen riesigen Steinbruch. Der könnte euch gefallen und Kurmo erst. Mir hat er jedenfalls sehr gefallen, wenn ich als Kind dort gespielt habe. Man darf eigentlich nicht mehr hin, das ganze Gebiet wurde vor ein paar Jahren zu einem Naturschutzgebiet erklärt. Doch genau das wäre doch prima. Kurmo könnte sich dort austoben, ohne dass wir Angst haben müssen, dass ihn jemand sieht, und wir könnten Zeit in der Natur verbringen.«

Johann sah Frau Tossilo von der Seite an. Sie sah ihm nun wirklich nicht aus wie jemand, der unbedingt Zeit in der Natur verbringen wollte.

»Nun guck nicht so! Ich mache mir eben Gedanken über Kurmos Entwicklung.«

»Und ähm, wo wollen wir dann schlafen?«, fragte er vorsichtig.

»In dem Steinbruch gibt es eine ziemlich große Höhle«, sagte Frau Tossilo ganz unbeschwert.

»Eine Höhle?«, fragte Janka.

»Ja, eine Höhle. Bist du schwerhörig?«

Dieser Deckenpeter schien Frau Tossilo wirklich durcheinandergebracht zu haben. Sie wollte in einer Höhle schlafen? Das war doch nicht zu glauben.

»Aber es ist doch viel zu kalt«, wandte Johann ein. »Selbst wenn Kurmo uns alle drei unter seinen Flügel nimmt. Gemütlich wird das nicht.«

»Sei nicht dumm. Ich meine doch nicht jetzt gleich. Wir könnten im Frühling fahren, im Mai vielleicht. Da ist es doch schön, und es sind so viele Feiertage. Erster Mai oder Christi Himmelfahrt. Ich werde mit euren Eltern sprechen und bewerkstelligen, dass sie es erlauben. Wir drei fahren mit dem Auto, und Kurmo fliegt des Nachts hinterher. Ich muss mich mal erkundigen, welche Firma anständige Campingbetten herstellt. Kurmo könnte mir dann vielleicht eines dorthin transportieren. Hm, einen Kühlschrank könnten wir natürlich auch gebrauchen, aber das wird vielleicht etwas schwierig.«

Janka und Johann mussten lachen. Frau Tossilo war so lustig. Sie wussten nicht, ob sie die Sache nun ernst meinte oder nicht. Aber als sie immer weitersprach und irgendwann nicht mehr von der Ausrüstung, sondern von dem Steinbruch, in dem es rötlichen Schiefer gab, von den riesigen Farnbüscheln, die überall wucherten, von den alten bemoosten Bäumen und von einem kleinen Bach erzählte, beschloss Janka, dass Frau Tossilo es ernst meinte. Dieser Ort sprach etwas in ihrer Seele an und hörte sich so spannend und aufregend an. Die Aussicht mit Kurmo, mit ihrem Bruder und mit Frau Tossilo dorthin fahren zu können, ließ ihr Herz hüpfen.

»Das hört sich toll an, Frau Tossilo. Ich komme auf alle Fälle mit«, sagte sie und lächelte.

»Ich bin auch dabei«, meinte Johann. »Aber mein Laptop muss mit. Auch wenn es in diesem Steinbruch bestimmt kein WLAN gibt, oder?«

Frau Tossilo kicherte nur und schüttelte den Kopf. Dann verabschiedeten sich die Geschwister wieder. Janka musste zum Training, und Johann wollte unbedingt an seinem neuen Computerprogramm herumtüfteln. Frau Tossilo versprach, noch am Abend vorbeizukommen und die Eltern zu fragen, ob sie Janka und Johann über das lange Erste-Mai-Wochenende in ihre Heimat einladen durfte. Den Besuch des Deckenpeters hatten die drei schon beinahe wieder vergessen.

29
Meldungen

»Fehlanzeige also! Das gibt es nicht. Dabei war ich mir so sicher«, murmelte der Schmallippige. Er hatte nämlich soeben auf dem Display die Nachricht gelesen:

Die Frau ist sauber. Kein Drache weit und breit, auch keine sonstigen Hinweise. MfG P.

Doch nur wenige Wochen später erschien eine weitere Nachricht. Zum Glück nicht auf jenem Handy, sondern nur im Marzahner Wochenanzeiger. Die Überschrift der Berliner Stadtteilzeitung lautete:

Monster über Marzahn
Merkwürdiges Flugobjekt versetzt Bürger in Angst und Schrecken

In der vergangenen Dienstagnacht läutete das Telefon der Notrufzentrale Marzahn aus unüblichen Gründen. Besorgte Bürger meldeten die Sichtung eines eigenartigen Flugkörpers. Einige sprachen von einem Ufo, der Großteil aber schilderte, einen Drachen gesehen zu haben. Das Geschöpf wurde als grau und furchteinflößend beschrieben.

Auf den Radarschirmen der Berliner Flughäfen wurde jedoch nichts gesichtet.

Auch im Internet erschienen keine Videos. Als zwei Beamte der Sache schließlich nachgingen, klärte sich das Missverständnis auf: Die ortsansässige Kung-Fu-Schule sowie der Verein für die Wahrung der chinesischen Kultur aus Hellersdorf bereiten sich derzeit auf das sogenannte Longtaitou-Festival vor. Das Longtaitou-Fest ist ein traditionelles Frühlingsfest, das in der Volksrepublik China vom ländlichen Teil der Bevölkerung gefeiert wird und den Drachen als das oberste Geschöpf, das den Regen regiert, ehrt. Longtaitou bedeutet wörtlich übersetzt »Der Drache hebt seinen Kopf«. Damit ist gemeint, dass die Natur wieder zum Leben erwacht. Durch die Drachenhuldigung erhoffen sich die Bauern eine gute Ernte. Die Kung-Fu-Schule wird anlässlich dieses Festes den »Blue Dragon Dance«

aufführen. Der chinesische Kulturverein Hellersdorf lässt überdimensionale Drachenballons steigen. Am Dienstag wurde bereits ein Ballontestflug veranstaltet. Ein Ballon hatte sich wohl auch nach Marzahn verirrt. Mehr Infos über das Festival sind unter: www.longtaitou-festival.com erhältlich.

Das weißgraue Hochhaus mit den orangefarbenen Balkonen stand in der Mitte von Berlin und nicht in Marzahn. Also erfuhren Frau Tossilo, Kurmo und die Kinder nichts von diesem Artikel. Erst als Anfang April auch im Internet immer wieder Meldungen auftauchten, die von der mysteriösen Sichtung »drachenhafter Flugobjekte bei Nacht« berichteten, bekamen sie davon mit. Sie wurden unruhig. Eigentlich hatten Janka und Kurmo geplant, dass sie am kommenden Wochenende nun endlich ihren ersten gemeinsamen Ausflug durch die Lüfte wagen wollten, aber nun hielten sie es für besser, sich erst einmal zu beraten.

»Ich bin dafür, Kurmo, dass du bis zu unserer Reise in den Steinbruch die Wohnung nicht mehr verlässt«, sagte Frau Tossilo. »Die Nächte sind ja jetzt im Frühling viel kürzer geworden. Und vor allem klarer. Keine schützenden Wolken mehr. Wir sollten also warten, bis etwas Gras über diese Meldungen gewachsen ist.«

Kurmo war weiterhin gewachsen. Er lag mit seinem vorderen Körper auf dem Flauscheteppich, mit dem hinteren Teil auf dem Teppichboden, und der Schwanz lag zu zwei

Drittel auf dem Gang und zu einem Drittel in der Küche. Jedes Umdrehen forderte mittlerweile seine gesamte Konzentration. Und das sollte nun seine einzige Bewegung für mehrere Wochen sein?

Johann sah, wie allein schon die Vorstellung den Drachen quälte.

»Vielleicht finde ich ja auch noch eine andere Möglichkeit für dich. Ich bin allerdings noch immer in der Versuchsphase. Das Raumen klappt ja leider nicht so ganz, aber ich arbeite an etwas Neuem. Und wenn das richtig funktioniert, dann kannst du dich bald so viel bewegen, wie du willst.«

»Und was genau ist das?«, wollte Janka wissen. »Du sagst immer nur Geheimnis, Geheimnis. Ich finde, wenn du Kurmo schon heiß drauf machst, dann musst du es auch genauer erklären.«

»Nein«, raunte Kurmo. »Ideen sind manchmal empfindlich. Wenn du zu früh über sie sprichst, kannst du ihnen damit den Rücken krumm machen.«

Johann sah den Drachen an. So hatte er das noch nie gesehen. Aber irgendwie stimmte es, und er war dankbar, dass Kurmo ihn verstand.

»Gebt mir noch eine Woche, okay?«, sagte er. »Dann habe ich den Dreh endgültig raus, und ich kann euch alles erzählen. Ich will diesmal einfach nichts falsch machen. Dass das Raumen nicht wirklich hingehauen hat, ist mir peinlich genug.«

»Nun mach dich nicht kleiner, als du bist!«, schimpfte Frau Tossilo. »Das Raumen funktioniert nicht so, wie du es dir gedacht hast, aber es ist durchaus besser als nichts. Sonst wäre Kurmo ja die letzten Male gar nicht mehr hinausgekommen.«

Es war nämlich so, dass Kurmo mittlerweile Johanns Laptop dazu benutzte, um auf den Balkon zu kommen. Durch die Tür passte er schließlich nicht mehr. Wenn der Drache also einen Nachtflug plante, klappte Johann ihm am Abend vorher den voreingestellten Laptop auf Frau Tossilos Ledercouch auf. Mitten in der Nacht nahm Kurmo den Rechner dann vorsichtig zwischen seine Zähne, drückte mit der Schwanzspitze auf die Entertaste und war im selben Augenblick auf dem Balkon. Dort deponierte er den Laptop zwischen zwei Tontöpfen auf dem Kunstrasen und flog los. Wenn er dann zurückkehrte, raumte er sich wieder zurück ins Wohnzimmer, hinein hinter die schützenden Gardinen. Zugegeben, die Methode war ziemlich umständlich, aber wie Frau Tossilo ja schon sagte, sie war besser als nichts. Und das freute Johann.

Es zwitscherte.

Ich brauche endlich einen neuen Klingelton, dachte Frau Tossilo und nahm ab.

»Ilona? Bist du es?«, fragte eine Frau, die so laut sprach, dass Janka und Johann sie gut hörten. Ilona? Sie sahen sich gegenseitig an. Es war irgendwie seltsam, dass Frau Tossilo einen Vornamen hatte.

»Ja«, sagte Frau Tossilo.

»Hier ist die Roswitha. Ich muss dir leider was Trauriges sagen, setz dich doch mal. Also, deine Mutter, sie ist gestern nicht an die Haustür gekommen, als ich geklingelt habe, und heute Morgen auch nicht. Ich bin dann mit meinem Schlüssel rein, und da lag sie noch im Bett. Ich habe gleich den Krankenwagen gerufen, aber es was leider schon zu spät. Sie ist einfach nicht mehr aufgewacht.«

Frau Tossilo wurde noch blasser, als sie ohnehin schon war.

»Was?«, flüsterte sie.

»Deine Mutter ist tot, Ilona. Es tut mir leid«, sagte die Frau.

Frau Tossilos Lippen begannen zu zittern, und ihre Augen wurden wässrig. Sie schaffte noch »Danke für den Anruf, Roswitha. Ich setze mich gleich ins Auto und komme« zu sagen, dann legte sie auf und brach in ein heiseres Schluchzen aus.

»Meine Mutter ist tot«, sagte sie leise, als sie sich wieder gefasst hatte. »Sie war eine furchtbare Schreckschraube, aber sie war meine Mutter.« Dann weinte sie erneut. Jede noch so winzige Stelle in ihrem Körper war auf einmal ausgefüllt mit dem Gefühl, etwas Wichtiges verloren zu haben. Für immer.

Janka rutschte auf der Couch herum, und Johann kaute auf seiner Lippe. Sie fühlten sich unbehaglich. Sie wussten nicht, wie sie sich jetzt verhalten sollten. Schließlich war die Nachricht ziemlich traurig. Janka wollte Frau Tossilo über den Rücken streichen, aber dann ließ sie es doch. Nur Kurmo blieb gelassen. Er klappte vorsichtig seinen linken Flügel aus und zog Frau Tossilo an seinen großen warmen Leib heran. Dann begann er ein tiefes Geräusch zu machen, Drachensummen. Ein dunkler, vibrierender Ton, der Frau Tossilo umhüllte, sie streichelte und ihr Trost zusprach. Und Frau Tossilo ließ dies geschehen und lauschte dem Summen. Nicht nur mit den Ohren lauschte sie, sondern wie ein Baby im Bauch der Mutter, das mit seinem ganzen Wesen lauscht.

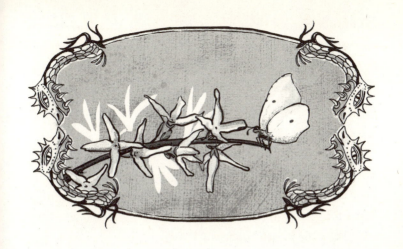

30
Janka klettert

Noch am selben Abend reiste Frau Tossilo ab. Sie würde mehrere Tage weg sein, um sich um die Beerdigung und alles, was es sonst noch zu organisieren gab, wenn ein nahestehender Mensch gestorben war, zu kümmern. Janka und Johann versprachen ihr, dass sie sich nicht um Kurmo sorgen musste. Sie würden, so oft es ging, bei ihm sein und auch die enormen Rationen an Brennnesseln, Karottengrün oder sonstigem Burtelsur heranschaffen. Dies nahm Frau Tossilo dankbar an.

Am Mittwochnachmittag schwänzte Janka das Zirkustraining. Stattdessen balancierte sie barfuß von Kurmos Schwanzspitze bis zu seinem Nacken hinauf. Erst rutschte sie immer wieder ab und gebrauchte dann ihre Hände, um sich an einer hervorstehenden Rückenzacke festzuhalten, damit sie nicht herunterfiel. Aber nach einer Weile wurde sie sicherer. Ihre Füße kannten sich nun schon etwas auf Kurmos Rücken aus. Ja, fast schien es, als wollten sie sich mit seiner seidigen Haut verbinden.

»Wenn das so ist!«, rief Janka fröhlich, »dann versuche ich das Ganze doch einmal mit geschlossenen Augen.«

»Tu das«, raunte Kurmo. »Ich werde meine auch schließen und ganz still halten.«

Schritt für Schritt tasteten Jankas Füße sich voran, und Kurmo gab ein zufriedenes Brummen von sich.

Plötzlich summte Jankas Handy. Aber sie beachtete es nicht. Sie öffnete nicht einmal die Augen, sondern blieb versunken in ihre selbstgestellte Aufgabe. Erst als sie Kurmos rauen Kopfansatz unter ihren Zehen wahrnahm, sprang sie herunter. Sie klatschte in die Hände und kramte dann das Telefon aus ihrem Rucksack. Johann hatte zweimal angerufen und drei Nachrichten geschickt. Sie rief ihn zurück.

»Mann, warum hast du das Ding überhaupt, wenn du nicht antwortest?«, war seine Begrüßung.

»Ich antworte dir doch jetzt!«, sagte Janka ruhig.

»Na toll. Also, was ist, kannst du kommen und mir helfen? Ich habe auf dem Markt eine Riesenladung Kohlköpfe geschenkt bekommen. Die sind noch gut. Kurmo wird sich bestimmt freuen. Das sind vier große Gemüsekisten voll.

Ziemlich schwer. Ich hab 'ne große Folie rumgewickelt, die ist mir aber gerissen, und das Zeug ist rausgekullert. Ich bin schon vor dem Haus, bei der Bank vor der Forsythienhecke. Vielleicht kommst du mit dem pinken Prinz. Der wäre groß genug, um die Hälfte reinzupacken.«

»Okay, ich bin gleich da«, sagte Janka und legte auf.

»Kurmo, es gibt Krautsalat zum Abendessen, ich düse runter und helfe Jo.«

Der Drache hob den Kopf und gab ein wohliges Schnauben von sich.

Während Janka den pinken Prinz aus dem Spiegelschrank zerrte, beobachtete Johann zwischen den blühenden Forsythiensträuchern einen Zitronenfalter. Der flatterte fröhlich von Strauch zu Strauch, tauchte kurz ab, um das verblichene Vorjahresgras nach Futter abzusuchen, und kam wieder zurück zu den Sträuchern. Dann schwirrte er tief über dem sandfarbenen Plattenweg dahin, bis er von hellen Anzughosenbeinen aus der Bahn gedrängt wurde. Jemand kam auf dem Weg entlang. Jemand, der in ein Handy sprach und der einen großen breiten Rücken hatte. Johann zuckte zusammen. War das nicht Frau Tossilos Besucher von neulich, dieser Deckenpeter? Schon war der Mann auf seiner Höhe angekommen, ohne ihm Beachtung zu schenken.

»Meine Güte, wie vergesslich seid ihr eigentlich?«, hörte Johann ihn sagen. »Das gibt es doch wohl nicht. Achter

Stock habe ich gesagt. Achter Stock! Die letzte Wohnung am Ende des Ganges! Beeilt euch. Ja, natürlich dort, und in den Fahrstühlen auch. Bis dann.«

Johanns Herz machte einen Satz. Mit wem hatte der Mann da gesprochen? Aber eigentlich war das ganz egal. Es war jemand, der jetzt zu Frau Tossilos Wohnung unterwegs war. Und in dieser Wohnung befand sich seine Schwester. Ganz allein mit Kurmo. Johann begann zu schwitzen. Er rannte los. Gleichzeitig rannte auch sein Daumen über das Display. »Geh ran, geh ran, geh ran!«, flüsterte er, doch es war vergeblich. Janka meldete sich nicht.

Johann kam bei den Aufzügen an. Beide waren im vierten Stock und fuhren weiter nach oben. Verflucht. Er raste die Treppen hinauf, gleichzeitig schrieb er: **Deckenpeter kommt! Mach auf keinen Fall die Tür auf!!!**

Aber Janka hatte die Tür schon aufgemacht. Und auch schon wieder zu. Sie stand bereits samt pinken Koffer vor Frau Tossilos Wohnung und ließ gerade den Schlüssel in ihren Rucksack gleiten.

Mann, dachte sie, was will Johann denn nun schon wieder? Sie las die Nachricht und brauchte einen Moment, bis sie begriff, was da genau stand. Kurz setzte ihr Atem aus, und ein Schauer rauschte ihr vom Nacken bis in die Füße. Hastig wühlte sie im Rucksack herum, wollte den Schlüssel wieder hervorfischen, wollte hinein zu Kurmo, auf keinen Fall dem Deckenpeter begegnen. Endlich bekam sie den Schlüssel zu fassen, da hörte sie auch schon jemanden das Treppenhaus emporrennen. Im selben Augenblick machte es *Pling* und nochmals *Pling*. Beide Aufzüge waren im achten Stock angekommen.

Es war keine Zeit mehr, die Wohnungstür aufzuschließen und schon gar nicht dafür, um über die Treppe nach oben zu entkommen. Ein Versteck!, blitzte es durch Jankas Kopf. Und zwar schnell. Aber wo? Hier gab es nichts. Nur verschlossene Türen und verschlossene Türen und verschlossene Türen und …

Die Müllklappe! Ehe Janka darüber nachdenken konnte, ob dort hineinzuklettern vielleicht viel gefährlicher war, als einem fremden Mann zu begegnen, hatte sie die kleine Klappe aufgerissen, sich zusammengekrümmt und war in die Wand gestiegen. Es schepperte, als die Klappe sich schloss, doch das schien niemand zu hören. Weder der Mann, der aus dem linken Fahrstuhl trat, noch der aus dem rechten.

Unter Janka ging es in die Tiefe, bis die Röhre eine Kurve machte. Und über ihr in die Höhe, bis auch dort das Rohr sich krümmte. Janka klemmte in dem engen Metalltunnel wie ein hängen gebliebener Müllsack. Lange würde sie das nicht aushalten. So leise sie konnte, begann sie sich zu drehen, so dass sie in der Luft zu sitzen kam und sich durch den Druck ihrer Schienbeine an der Röhre vor dem Abstürzen bewahrte. Für andere Kinder wäre es vielleicht tödlich gewesen, in diesen engen Müllschacht zu klettern, aber für jemanden, der jede Woche in einer Zirkuskuppel herumturnte und dabei noch Kunststücke machte, war das hier einfach nur gefährlich.

Jetzt hallten Schritte heran und hielten direkt neben Janka an.

»Wieso steht das pinke Ding da vor der Tür? Ich dachte, die Frau ist verreist.« Eine kratzige Männerstimme.

»Anscheinend ist sie schon wieder zurück«, sagte ein anderer. »Ich klingele mal vorsichtshalber.«

»Oder ihr Sohn hat den hier hingestellt?«, überlegte der mit der Kratzstimme.

»Wieso Sohn? Die lebt allein. Peter hat doch gesagt, sie sei alleinstehend. Und die Luft wäre jetzt rein.« Janka hörte das schrille Läuten von Frau Tossilos Klingel. Sie begann zu schwitzen. Nicht weil sie enorm viel Muskelkraft brauchte, um nicht abzustürzen, sondern weil sie an Kurmo dachte. Er würde ja wohl jetzt nicht die Tür aufmachen, weil er dachte, dass sie den Schlüssel vergessen hatte? Nein, so unvorsichtig war er nicht. Dann fiel Janka ein, dass er die Tür ja gar nicht aufmachen konnte, er passte schließlich nicht mehr durch den Gang. Sie entspannte sich ein wenig, da schepperte etwas gegen die Klappe.

»Hä? Der Koffer ist ja leer. Was hat *das* jetzt zu bedeuten? Ach, verdammt, sind ja nur noch zwanzig Minuten, dann werden die Bildschirme aktiviert. Da sollten wir hier fertig sein. Montier das Ding so, dass es direkt auf den

Türgriff ausgerichtet ist«, meinte nun wieder die kratzige Stimme.

»Gib mir das Spray«, sagte der Zweite. Dann war es ruhig. So ruhig, dass Janka Angst bekam, die beiden könnten ihr pochendes Herz hören. Zum Glück zischte nun das Spray, und schließlich war wieder die Kratzstimme zu hören, nur dass sie nun von weiter weg zu kommen schien.

»Wir sind doch längst vor Ort. Ja, ja, natürlich. Ja, haben wir. Wir haben es soeben montiert. Die beiden in den Aufzügen befinden sich auch schon an Ort und Stelle. Jetzt noch das eine Ding ins Treppenhaus, das war's dann, oder? Geht klar, bis gleich.«

»Ehrlich gesagt, finde ich die ganze Sache ziemlich übertrieben. Ich verstehe gar nicht, was dieser Aufwand soll«, sagte nun wieder der andere und zog geräuschvoll die Nase hoch.

»Zum Verstehen bist du auch nicht da, sondern zum Montieren«, antwortete die Kratzstimme, »wir sorgen nur dafür, dass die Frau überprüft werden kann. Schließlich wäre es doch ziemlich lästig, wenn der Zugriff erfolgt und sie tatsächlich nichts mit dem Vieh zu tun hat. Die Meldungen im Internet besagen lediglich, dass der Drache in Berlin ist. Bei wem oder wo, das wurde dort nicht angegeben. Komm jetzt, sprüh da noch mal etwas Farbe drauf, und dann basteln wir noch schnell das Teil im Treppenaufgang an die Decke. In achtzehn Minuten stellen sie die Übertragung zu den Bildschirmen her, und ich will nicht unbedingt gefilmt werden, wie ich so ein Ding anbringe. Wir sollten möglichst schnell alles fertig haben.«

»Und der Koffer?«

»Pfeif auf den Koffer. Der geht uns nichts an.«

Dann hallten die Schritte davon, weg zu den Treppen. Janka wagte endlich wieder, Luft zu holen. Eine dumpf-faulige Schwade strich ihr in die Nase. Ziemlich stinkig diese Röhrenluft, dachte sie, aber das war jetzt egal. Sie musste atmen, denn sie brauchte Kraft. Schließlich wollte sie den Müllschlund hinaufklettern. Hand abdrücken. Fuß abdrücken. Jetzt mit dem Rücken, andere Hand, anderer Fuß. Ihr Pulli war so durchgeschwitzt, dass er klebte. Das gab ihr Halt. Und auch die Chucks hatten die perfekte Sohle, um halbwegs sicher voranzukommen. Mühsam arbeitete Janka sich empor, stets darauf bedacht, nicht nach unten zu blicken. Nur nach oben, ja nicht in den Abgrund. Endlich hatte sie es geschafft. Die Einwurfklappe des neunten Stocks tauchte vor ihrem Gesicht auf. Noch ein kleines bisschen, Klappe aufdrücken und lautlos aus der Enge hinaus in den befreienden Gang. Sie atmete auf. Jetzt, wo sie wieder aufrecht stand und Boden unter den Füßen hatte, kam es ihr so vor, als würden ihre Muskeln sich verabschieden. Als würde sie nur noch mit wackelnden Knochen zurückbleiben.

Aus dem Treppenhaus war ein Quietschen zu hören. Dann ein Geräusch, als würde ein Bonbonpapier auseinandergezogen, und schließlich die Spraydose. Janka wollte um die Ecke lugen. Sie wollte sehen, was die beiden Männer dort taten. Ihr Körper gehorchte ihr jedoch nicht. Ob aus Angst oder aus Erschöpfung, wusste sie nicht.

»Los jetzt«, hauchte sie schließlich zu sich selbst. »Jetzt bist du doch nicht mehr verdächtig, jetzt bist du doch nicht mehr das Mädchen, das mit einem pinken Koffer vor Frau Tossilos Wohnungstür steht. Jetzt bist du einfach nur ein Kind aus dem Neunten. Und ein Kind aus dem Neunten kann am frühen Abend auch durch das Treppenhaus marschieren. Das ist nur normal.« Doch obwohl sie sich Mut zusprach, tackerte ihr Herz wilde Klammern in den Brustkorb. Sie begann, ganz leise zu pfeifen, um die Angst ein wenig einzudämmen. Das hatte ihr Marlon einmal erzählt, Musik helfe gegen Angst. Und es schien zu stimmen. Jedenfalls ein bisschen. Sie gab sich einen Ruck und näherte sich dem Treppenaufgang. In diesem Moment kam die Frau, die über Janka und Johann wohnte, die Treppen heruntergestapft. Erleichtert, nun nicht mehr allein zu sein, folgte Janka der Frau die Stufen hinab. Ängstlich sah sie zu Boden, als sie die zwei Männer im Arbeitsoverall passierten. Der eine stand auf einer kleinen Trittleiter und hielt eine Farbspraydose in der Hand. Der andere tat so, als wäre er ein ganz normaler Arbeiter vom Treppenhauspflegedienst oder etwas Ähnlichem. Dem müsste man mal Schauspielunterricht geben, dachte Janka, sah kurz auf und merkte sich die Stelle, auf die der Trittleitermensch gerade sprühte. Schon waren sie an den beiden vorbei. Die

Frau wollte anscheinend jemanden im siebten Stock besuchen. Janka ging vorsichtshalber noch eine Etage tiefer, rannte dort den Gang entlang und riss ihr Handy aus dem Rucksack.

31
Rückmontage

Komm sofort in den Sechsten, uns bleiben vielleicht noch 10 Minuten, schrieb Janka an Johann und prallte im nächsten Augenblick gegen ihn. Wie aus dem Beton gewachsen stand er plötzlich vor ihr.

Er hatte, als er vorhin die Treppen emporgerannt war, oben die kratzige Stimme vernommen. Diese Stimme kannte er. Erst hatte er sich nicht erinnern können, woher, aber dann war es ihm wieder eingefallen. Der Bote, der ihm damals, als er Franz Tossilo gewesen war, den vertauschten Koffer abgenommen hatte, der hatte diese Kratzstimme gehabt. Johann wollte diesem Boten lieber nicht wiederbegegnen, auch wenn der sich vielleicht gar nicht mehr an ihn erinnerte. Also hatte er im sechsten Stock gewartet.

»Sieh nur! Sie fahren wieder«, flüsterte Janka und deutete zu den Aufzügen. Auf der schwarzen Anzeigentafel leuchteten zwei rote Sieben mit Abwärtspfeil. »Los, wir müssen hoch!« Johann folgte ihr ohne weitere Fragen.

Als sie schließlich vor Frau Tossilos Tür standen, sah Janka suchend den Türrahmen ab. »Die haben da irgendwas angebracht, etwas zum Überwachen«, erklärte sie.

»Du meinst Mikrokameras?«, rief Johann aufgeregt. »Cool!«

»Bist du blöd? Das ist doch nicht cool! Und jetzt hilf mir suchen!«

Der cremefarbene Türrahmen war ziemlich schmutzig. Das winzig dunkle Pünktchen, auf das Johann wenig später zeigte, konnte doch wohl keine Kamera sein. Aber so wie Johanns Augen leuchteten, war es wohl doch eine.

»Ich hol einen Stuhl«, rief Janka und schloss die Tür auf. »Kurmo, dein Kohl kommt später, wir müssen eben noch eine kleine Schönheitsoperation an eurer Tür durchführen«, rief Janka hastig. »Ich erklär's dir später.«

Janka stellte Johann zügig einen Hocker hin. Johann stieg drauf und begann, mit seinem Wohnungsschlüssel an dem Punkt herumzukratzen.

»Was schabst du denn da?«, schimpfte Janka. »Hier, kleb meinen Kaugummi drauf, und fertig. Dann sehen die rein gar nichts mehr!«

»Eben. Genau das wäre doch seltsam. Es wäre doch viel besser, sie würden etwas sehen.«

»Wieso?«

»Na, denk mal nach. Wenn bei denen auf dem Bildschirm nur ein grau-zerkauter Kaugummi in Großformat auftaucht, merken die doch gleich, dass was faul ist. Nee, wir reißen das Ding runter und kleben es woanders wieder dran. Wie wäre es zum Beispiel an die Tür für den Elektrokasten, oben im sechzehnten Stock? Die Tür sieht doch genauso aus wie eine Wohnungstür. Nur dass da nie jemand rein- und rausgeht. Dann denken sie, Frau Tossilo ist dauerhaft verreist.«

»Jo, du bist genial.«

»Den Koffer stellen wir mit vor die Tür, das macht die Sache noch besser. Dann können die sich die ganze Zeit fragen, was eigentlich das pinke Ding da treibt«, sagte Johann und kicherte. Die Sache begann ihm langsam Spaß zu machen. Noch lieber hätte er natürlich ein Schwert besessen und hätte mit wehendem Umhang diese Männer vertrieben, aber diese Aktion hier war auch nicht übel.

»Aber was ist mit den Aufzügen? Da sind jetzt anscheinend auch solche Dinger drin. Und im Treppenhaus vom achten Stock ebenfalls«, sagte Janka. Johann hatte nun die kleine Kamera abbekommen und wog sie andächtig in seiner Hand.

»Die Aufzüge schaffen wir nicht mehr in der Zeit«, meinte er, »das Treppenhaus schon.«

Janka schnappte sich den leeren Koffer, und wenige Sekunden später waren sie vor Ort. Sie brauchten eine Weile, bis sie den Kamerapunkt im pfützenfarbenen Treppenhausputz ausgemacht hatten. Er war ziemlich weit oben. Nur mit Stuhl würden sie da nicht rankommen.

»Mist«, murmelte Johann, »wir brauchen eine Leiter.«

»Quatsch nicht rum, sondern stabilisier dich gut. Ich kletter jetzt da hoch.« Janka zog ihre Chucks aus und kletterte Johann auf die Schultern. Gelernt ist gelernt. Johann zitterte ein wenig. Janka war leicht, aber ein Fliegengewicht war sie auch nicht. Doch er hielt stand. Die Kamera ließ sich glücklicherweise schneller ablösen als die von der Wohnungstür. Dafür hinterließ sie auch eine größere graue Leerstelle in der Wandfarbe.

»Okay, ab in den Zehnten!«, rief Johann und rannte auch schon wieder los.

»Wieso denn in den Zehnten?«, keuchte Janka hinterher.

»In den Stockwerken mit den geraden Zahlen sind die Wände doch pfützenfarben, in den ungeraden nur brechgrün. Kleben wir die Kamera in den Neunten, filmt sie die falsche Farbe. Im Zehnten aber ist das Treppenhaus pfützig wie im Achten, und hier kommen weder Frau Tossilo noch wir zwei normalerweise vorbei. Die anderen Leute aus unserem Haus können die Typen sich doch ruhig ein bisschen anglotzen, findest du nicht?«

Im zehnten Stock kletterte Janka abermals auf Johanns

Schultern. Sie spuckte ein Stück Kaugummi in die Hände, klebte die Kamera hinein und presste das Ganze an die richtige Stelle. Weiter ging es treppauf. Sie waren ziemlich erledigt, als sie bei dem Elektroraum ankamen. Ohne zu sprechen, machte Johann eine Räuberleiter, und Janka klebte eine weitere Kaugummikamera an den Türrahmen. Dann schob Johann den Koffer in Position. Sie traten zurück und klatschten sich ab.

»Du bist 'ne coole Schwester!«, sagte Johann, und Janka strahlte.

»Du bist auch ein cooler Bruder!« Sie schlenderten die Treppen hinunter. »Der beste, den es gibt.«

»Jetzt übertreib mal nicht«, murmelte Johann, doch Janka sah, wie sehr es ihn freute.

Bald kamen sie wieder im zehnten Stock vorbei. Das Auge oben im Kaugummi konnte sie ja jetzt schon sehen, ihr Bild wurde wer weiß wohin übertragen. Sie hielten die Blicke also gesenkt, und Johann zog sich die Kapuze seines Pullis noch tiefer in die Stirn. Viel lieber hätten sie natürlich hinaufgeschaut und hämisch gegrinst.

32
Rückkehr

Frau Tossilo wusste nicht, wie lange sie sich schon in diesem Stau befand. Sie war auf der Rückfahrt nach Berlin, aber von Fahrt konnte wirklich nicht die Rede sein. Vor ihr Autos, hinter ihr Autos, rechts Autos, links Autos, als ob die komplette Welt nur aus diesen stehenden Blechkisten bestand.

Frau Tossilo stellte die Radiomusik lauter und trommelte mit ihren, heute malvenfarbenen Fingernägeln auf dem Lenkrad herum, als sie eine Nachricht erhielt.
Bitte benützen Sie nachher auf keinen Fall die Fahrstühle. LG Jo
»Weshalb denn das nicht?«, fragte Frau Tossilo sich selbst.

Aber bevor sie die Frage an Johann stellen konnte, erhielt sie eine weitere Nachricht.

Liebe Frau Tossilo, bitte fahren Sie nicht mit dem Aufzug, und wie gut, dass Sie heute wiederkommen. Kurmo hat Sie so schrecklich vermisst. Liebe Grüße, Janka. PS: Ich freue mich auch auf Sie.

Ganz plötzlich löste sich der Stau auf, und Frau Tossilo musste das Handy weglegen und Gas geben. Sie tat dies sehr beherzt, überholte schnittig einen großen BMW und dann gleich noch einen und dachte sich, Zuhause, ich komme.

Es war schon dunkel, ja fast Nacht, als sie am Hochhaus ankam und in der Tiefgarage parkte. Sie war zerschlagen von der langen Fahrt und hätte gern den Aufzug genommen, anstatt sich all die vielen Treppen hinaufzuschleppen. Aber Janka und Johann hatten ihr die Nachrichten sicherlich nicht zum Spaß geschickt.

Endlich steckte sie den Schlüssel in ihre Wohnungstür und öffnete. Sofort schlug ihr der Drachengeruch entgegen. Ein zarter Hauch von Metall, gemischt mit etwas Verbranntem und Würzigem, wie die blühenden Bergkräuter, die sie in Mexiko gerochen hatte. Frau Tossilo sog diese Luft ein wie etwas lange Entbehrtes und trat ein.

Kurmo lag auf dem Flauscheteppich. Er schlief bereits. Frau Tossilo schlich näher und wollte ihn betrachten, als er seine wimpernlosen Augen aufschlug.

»Du bist wieder da«, raunte er, und sein warmer Atem umarmte Frau Tossilo wie ein weicher Mantel. Sie lächelte.

»Ja, ich bin wieder da.«

Dann saßen sie eine Weile miteinander und sprachen nicht. Es genügte ihnen, einander nah zu sein, sie mussten nicht unbedingt etwas sagen. Oder vielleicht sagten sie doch etwas, aber ohne Worte zu gebrauchen. Irgendwann holte Frau Tossilo sich ein Glas Wasser zu trinken, und als sie aus der Küche zurückkam, war sie wieder in praktischerer Stimmung und fragte:

»Sag mal, weißt du eigentlich etwas über unsere Fahrstühle? Die Kinder hatten mir geraten, sie nicht mehr zu benutzen.«

Kurmo berichtete von den Männern und den Kameras.

»Was?!« Frau Tossilos Augen wurden rund. »Aber, aber das ist ja, aber ...«

»Aber Janka und Johann haben ihnen einen Strich durch die Rechnung gemacht«, übernahm Kurmo nun wieder und erzählte dann, was die Geschwister vollbracht hatten.

»Etwas unpraktisch war nur, dass sie mir die ganzen Kohlköpfe noch nicht herauftransportiert hatten. Die Aufzüge konnten sie dafür ja nicht mehr benutzen.

Johann hat also seinen Laptop geholt und den Kistenturm Treppe für Treppe nach oben geraumt. Dabei knallte es ordentlich, und der Hauswart kam. Leider ist genau da der Kistenturm umgestürzt. Der Mann war ziemlich verdattert, als ihm sechsunddreißig Kohlköpfe entgegenhüpften.« Kurmo gab ein heiteres Grollen von sich, und in seinen dunklen Augen blitzte es.

»Johann hat dann behauptet, sie würden ein Schulprojekt machen, bei dem man ohne Strom, also auch ohne Fahrstuhl auskommen müsse. Das hat den Mann so beeindruckt, dass er Janka und Johann sogar beim Tragen geholfen hat. Was sie mit dem vielen Kohl wollten und was denn da so geknallt hatte, wollte er dann gar nicht mehr wissen.«

Frau Tossilo musste kichern. Sie stellte sich vor, wie Janka und Johann mit dem Hauswart eine Kohlkette durchs Treppenhaus machten. Es war das erste Mal, seitdem ihre Mutter gestorben war, dass sie wieder lachte.

Doch dann begann sie sich Sorgen zu machen. Natürlich hatten Janka und Johann das mit den Kameras ziemlich perfekt gelöst. Aber es war sicherlich nur eine Frage der Zeit, bis Black West dahinterkam. Und was würde dann passieren? Wenn sie erst …

»Wie war es denn bei dir?«, unterbrach Kurmo ihre Gedanken.

Frau Tossilo seufzte, lehnte sich wieder an die warme Drachenflanke und erzählte von der Zeit im Haus ihrer Mutter und von der Beerdigung.

»Die ganze Organisation war anstrengend, und traurig war es auch. Meine Mutter und ich, wir standen uns ja nun nicht so nahe. Doch jetzt fehlt sie mir«, beendete sie schließlich ihren Bericht und zupfte eine Flauscheteppichfluse aus Kurmos Schuppen. Sie pustete sie von den Fingern.

Plötzlich drückte sie sich von der Drachenflanke ab und flüsterte: »Weißt du was? Ich habe Geld geerbt. Nie hätte ich geahnt, dass meine Mutter Geld besitzt. Schon gar nicht in solchen Mengen. Aber wahrscheinlich habe ich vieles nicht gewusst über sie.« Und etwas leiser. »Und sie nicht über mich. Mir kommt es fast so vor, als hätten wir uns kaum gekannt.«

»Jemanden wirklich zu kennen ist manchmal nicht so einfach«, raunte Kurmo, und Frau Tossilo nickte langsam. Mit einem Mal war sie unglaublich erschöpft. Beinahe wäre sie eingeschlafen.

»Ich bin so müde. Ich muss dringend ins Bett. Wir sehen uns morgen, ja?«

»Ist gut«, sagte Kurmo und löschte, als Frau Tossilo schon im Schlafzimmer war, mit seiner Schwanzspitze das Licht.

Die Träume, die Frau Tossilo befielen, waren schmerzhaft. Sie träumte, dass sie in einem riesigen steinernen Labyrinth umherirrte. Und jedes Mal, wenn sie glaubte, sie hätte die Mitte gefunden, kam eine Frau aus einem Seitengang, versperrte ihr den Weg und stieß wüste Beschimpfungen aus. Dass sie sich schämen sollte, einen Drachen im Wohnzimmer zu haben, sie solle sich lieber einen Mann halten. Das wäre anständiger und auch handlicher.

Dann träumte Frau Tossilo, dass sie Kurmo gegen etwas großes Dunkles verteidigen musste. Mit einem Schwert! Das Schwert war aber viel zu schwer für sie. Sie vermochte es nicht einmal anzuheben. Frau Tossilo zerrte und zerrte an dem riesigen Goldgriff herum und schrie auf im Traum und schrie auf in echt und fuhr hoch und wusste nicht, wo sie war. Sie sah sich in ihrem halbdunklen Schlafzimmer um, in dem die Gegenstände nur schemenhaft und pixelig zu erkennen waren. Noch etwas benommen stand sie auf, trocknete sich den Schweiß von der Stirn und machte sich auf den Weg zu Kurmo. Der Drache schlief ja, seitdem er nicht mehr durch den Gang passte, nicht mehr bei ihr im Schlafzimmer.

Erleichtert sah Frau Tossilo im Wohnzimmer die große schwarze Silhouette am Boden liegen. Kurmo atmete tief. Seine Flügel zuckten, bebten, als würden auch sie Luft schöpfen. Bestimmt träumt er vom Fliegen, dachte Frau Tossilo und strich ihm sacht über die Flanke. Es wird Zeit, dass er wieder hinauskann. Hinaus in die Weite der Welt und hinein ins Vergnügen. Dann reckte sie sich an dem warmen schimmernden Leib empor und klappte behutsam einen der Flügel aus, um darunterzukriechen. Wie ein schützendes Zeltdach spannte sich der Drachenflügel über ihr auf. Frau Tossilo kuschelte sich in den Flauscheteppich und spürte, wie es in ihr ruhig wurde. Das Nachklingen der bösen Träume verflog. Stattdessen wanderten ihre Gedanken zu Janka und Johann und zu ihrem Maiausflug. Der war ja nun gar nicht mehr weit. Und Kurmo wäre dann erst einmal in Sicherheit. Vielleicht würde der Drache sogar eine Weile im Steinbruch bleiben, was auch immer. Gemeinsam würden sie schon eine Lösung finden. Sie, Kurmo, Janka und Johann.

Wir sind schon ein tolles Team, dachte Frau Tossilo, seufzte noch und schlief ein. Diesmal tief und traumlos und voller Frieden bis zum nächsten Morgen.

33
Im schönen Monat Mai

Bis der Maiausflug kam, geschah nicht mehr viel. Außer dass der Frühling nun komplett Einzug in die Stadt hielt und dass das Schuhgeschäft, in dem Frau Tossilo arbeitete, von einer anderen Schuhkette aufgekauft wurde. Im Zuge des Frühlings kehrten die Schwalben zurück, und im Zuge des Schuhkettenverkaufs wurden viele Arbeitsstellen gestrichen. Auch die von Frau Tossilo. Doch sie bekam angeboten, in eine Filiale in den weit entfernten Stadtteil Spandau zu wechseln. Sie lehnte ab. Sie wollte nicht so viel weg sein. Sie wollte bei Kurmo und den Kindern sein und nicht Zeit damit vergeuden, stundenlang im Stau oder in der überfüllten U-Bahn zu stehen, nur um zur Arbeit zu kommen. Sollte die Schuhwelt eine Weile ohne sie auskommen. Sie würde sich jetzt mal um andere Dinge kümmern und, wenn es wieder passte, sich eben eine neue Stelle suchen.

Das verlängerte Wochenende stand nun fast vor der Tür. Frau Tossilo stapfte in den neunten Stock hinauf.

»Ach, hallo. Frau Tossilo, kommen Sie doch rein«, wurde sie von Jankas und Johanns Mutter freundlich begrüßt. »Ich wollte ja schon seit Tagen zu Ihnen herunterkommen, aber ich habe es einfach noch nicht geschafft.«

»Macht doch nichts. Jetzt bin ich ja hier«, sagte Frau Tossilo.

»Sie hatten bisher ja alles mit meinem Mann besprochen, aber ich möchte mich auch noch einmal bei Ihnen bedanken«, begann die Mutter. »Für den Wochenendausflug natürlich und auch überhaupt. Janka und Johann sind ja so gerne bei Ihnen.«

Frau Tossilo lächelte. Die Worte rieselten auf sie nieder wie eine schöne warme Dusche.

»Ja, wir haben es gut zusammen«, bestätigte sie, »und unser Wochenende wird bestimmt ein Erlebnis. Kann ich Sie eigentlich auch erst übermorgen anrufen? Wenn wir morgen Abend in meinem Heimatort ankommen, ist es wahrscheinlich schon ziemlich spät.«

»Gut, dass Sie das sagen. Mein Mann und ich haben uns ja ein Entschleunigungswochenende an der Ostsee gebucht. Telefone sind bei diesen Wochenenden nicht erlaubt. Man soll richtig runterkommen, sagen die Organisatoren. Aber für den Notfall gebe ich Ihnen hier die Telefonnummer vom Veranstalter. Dort können Sie uns erreichen.«

Die Mutter reichte Frau Tossilo einen kleinen Flyer des Ostseeclubs. Frau Tossilo steckte ihn sich in die Hosentasche.

»Ja, dann wünsche ich Ihnen ein schönes Wochenende und vor allem gute Erholung«, sagte sie.

Die Mutter lächelte dankbar.

»Die kann ich wirklich brauchen. Ich habe ja neben dem Beruf noch dieses Studium und bin wirklich viel beschäftigt. Hoffentlich wird das nächste Jahr endlich wieder besser. Ich wünsche Ihnen auch alles Gute und viel Spaß mit Janka und Johann.«

Dann verabschiedeten sich die beiden Frauen voneinander. Im Treppenhaus bückte Frau Tossilo sich kurz, um ein Himbeerbonbonpapier aufzuheben, das dort jemand achtlos hatte fallen lassen.

Am darauffolgenden Nachmittag umarmten Janka und Johann ihre Eltern, sagten einander »Tschüs, viel Spaß und bis Montag«, und kamen gutgelaunt und mit Rucksack und Sporttasche bepackt zu Frau Tossilo herunter.

Johann fischte den Laptop gleich aus einem Seitenfach. Der Plan war, dass Janka und Johann bei Frau Tossilo im

Auto mitfahren würden und Kurmo sich dann in der Nacht auf den Weg machen würde.

»Es ist alles einprogrammiert, Kurmo. Aber denk bloß dran, dass du den Rechner nicht wie sonst zwischen den Blumentöpfen versteckst, sondern ihn mitnimmst. Wie willst du das eigentlich machen? Das hatten wir ja noch gar nicht überlegt?«, fragte Johann.

»Zum Starten klemme ich ihn vorsichtig zwischen die Zähne«, erklärte Kurmo. »Aber wenn ich oben bin …«

Er hielt inne und drückte seine riesige Wirbelsäule durch. Am Übergang von den Hinterbeinen in den Rücken entstand eine Kuhle. Sie war in etwa so groß wie eine Duschwanne, vielleicht auch ein wenig größer. Mit der Schwanzspitze schnappte Kurmo nun den Laptop und legte ihn in die Vertiefung hinein.

»Äh.« Johann zog die Oberlippe nach oben »Der fällt doch da raus. Wenn du eine schärfere Kurve fliegst, ist das Ding weg. Und was ist, wenn es regnet?«

»Ich bin doch noch gar nicht fertig gewesen«, schimpfte der Drache und bewegte seine enormen Schulterblätter. Die Schuppenhaut wellte sich und wölbte sich über die Vertiefung. Deckte sie zu, so dass sie nicht mehr zu sehen war.

»Das ist Gurt und Dach in einem. Schutz vor Regen und Sonne. Dein Rechner ist da sicher.«

Johann grinste. »Du bist doch echt ein cooler Drache. Hast du noch mehr Spezialfeatures?«

»Vielleicht«, meinte Kurmo und wiegte seinen Kopf.

»Leute!«, rief Frau Tossilo dazwischen. »Ich fahre noch mal schnell los zum Einkaufen. Ich habe ganz vergessen, Knäckebrot zu kaufen. Und natürlich Tütensuppen. Wollt ihr lieber Pilzgeschmack oder Ungarische Art?«

»Ähm«, sagte Janka und sah Johann hilfesuchend an. »Vielleicht könnten Sie ja auch richtiges Brot mitbringen? Und Äpfel und Bananen? Und Salzstangen, Bonbons mit salzigem Karamell drin und Schokolade. Und Chips? Und … Johann, sag doch auch mal was.«

»Ich halte mich an Kurmo und ernähre mich vom Wald«, meinte Johann trocken. Über Frau Tossilo Gesicht glitt ein abenteuerlustiger Ausdruck. Sie erinnerte sich, wie sie als Kind einmal Brennnesselsuppe gekocht hatte. Und einen Salat aus ganz weicher Baumrinde hatte sie auch einmal hergestellt.

»Meinst du wirklich, wir könnten uns vom Wald ernähren?«, fragte sie interessiert.

»Nein! Natürlich nicht. Bringen Sie einfach Nudeln und Pesto mit und fertig«, sagte Johann.

»Ach so, ja natürlich, wird erledigt, ihr beiden. Aber vielleicht finden wir ja wirklich etwas Nettes im Wald, was essbar ist. Wie auch immer, ich bin spätestens in einer Stunde wieder da«, rief Frau Tossilo fröhlich, schwirrte durch den Gang und zur Wohnungstür hinaus.

Eine gute Stunde später war Frau Tossilo noch nicht wieder da. Und nach zwei Stunden auch nicht. Kurmo und die Kinder merkten es kaum. Sie hatten sich in ein Computerspiel vertieft. Johann spielte. Janka und Kurmo sahen ihm über die Schulter.

»Gleich kommt's!«, rief Johann mit feurigen Augen »Da habe ich einen Eingang gebaut! Bei diesem Berg dahinten, der mit der violetten Spitze.«

Auf dem Bildschirm war eine märchenhafte Landschaft zu sehen. Sanfte lindgrüne Hügel und ein Wald mit uralten Laubbäumen, deren wulstige Wurzeln sich ab und zu lebendig und neugierig bewegten. Davor ein murmelnder Bach und dahinter das Gebirge, in dem Johann den Eingang gebaut hatte – was auch immer das bedeuten sollte. Das Gebirge glich einer blassblau-violetten Ansammlung von riesigen Kristallen. Schnee und Eis bedeckten die Wipfel, und darüber leuchtete ein weißgelber Kreis als Sonne.

»Erst muss ich durch diesen Wald hindurch«, erklärte Johann, steuerte aber dann an den Bach heran. Sein roter Umhang flatterte leicht im Wind, und um seine Füße schwappte das Wasser ans Ufer. »In der Strömung treiben immer wieder kleine Fische mit Spezialkräften vorbei. Einen davon muss ich fangen. Lasse ich ihn dann wieder frei, schenkt er mir etwas von seinen Fähigkeiten, und ich komme durch das Wasser bis hinter zum Wald. Von dort aus geht es weiter ins Gebirge.« Johann hielt kurz inne und sah vom Bildschirm auf. Sein Blick schweifte in Frau Tossilos Wohnzimmer umher, nahm einen Moment ein Blatt des Gummibaums ins Visier und blieb schließlich an der Vitrine hängen.

»Janka, solange ich hier beschäftigt bin, hol doch mal das kleine Einhorn. Ich bin sicher, Frau Tossilo hat nichts dagegen, wenn wir es als Versuchskaninchen einsetzen. Gleich werdet ihr ein Wunder erleben!«

»Was willst du denn mit dem Einhorn?«

»Orrr, jetzt sei doch nicht so neugierig. Willst du eine Überraschung, oder nicht?«, grummelte Johann gereizt.

»Ist ja gut, ist ja gut«, Janka stand auf, aber es fiel ihr schwer, die Augen vom Laptop zu reißen. Sie konnte plötzlich nachvollziehen, weshalb Johann gerne spielte. Diese Welt dort auf dem Bildschirm war schön. Zauberhaft schön. Einladend und geheimnisvoll.

Meist spielte Johann eher düstere Spiele, welche, in denen viel gekämpft wurde, welche mit grusliger Musik, aber dieses Spiel hier war anders.

Als Janka die Einhornfigur aus der Vitrine nahm, fiel ihr auf, dass Frau Tossilo ja noch gar nicht wiedergekommen war.

»Steht sie im Stau, oder wo bleibt sie?«, fragte sie sich halblaut. Johann und Kurmo hörten nichts. Sie waren in die Geschichte des Spiels versunken.

»Oder es ist viel Betrieb im Supermarkt. Wenn ein Feiertag kommt, kaufen die Leute doch immer wie verrückt ein, und die Warteschlangen an den Kassen sind lang«, überlegte Janka weiter. Sie wog das kleine Einhorn in der Hand.

»Was meinst du, Kurmo, sollen wir buddeln oder weiterziehen?«, fragte Johann jetzt.

Der Drache legte den Kopf schief. »Buddeln? Wie meinst du das?«

»Der sprechende Kürbiskopf hier hat behauptet, dass hinter der Tanne eine knisternde Kiste mit einem magischen Trunk vergraben sei.« Johanns Rote-Umhang-Gestalt lief am Bach entlang zu einem riesigen dunklen Baum. »Da wir bisher keinen Fisch erwischt haben, müssen wir uns irgendwie anders stärken, sonst schaffen wir es nicht bis zum Berg.«

»Dann buddeln wir.« Kurmo rückte mit dem Kopf noch näher an Johann und den Bildschirm heran. Über seine silbrigen Schuppen lief ein Schauer. »Was ist das für ein Trunk? Was für Kräfte wirst du bekommen? Fliegen?«

»Du wirst es gleich sehen. Es könnte natürlich auch sein, dass der Kürbiskopf gelogen hat und etwas anderes aus der Kiste herauskommt«, gab Johann zu bedenken.

Janka trat wieder zu den beiden. Sie legte Johann das Einhorn in den Schoß und wollte darauf hinweisen, dass Frau Tossilo immer noch nicht zurück war, aber erst wollte sie sehen, was nun wirklich aus der Kiste kam.

»Hey! Drängelt nicht so. Davon geht es nicht schneller«, schimpfte Johann, der zwischen Schwester und Drache etwas gequetscht wurde. Er kicherte leise. Sein Erfindungskichern, dachte Janka. So lachte Johann doch nur, wenn er nahe daran war, etwas Neues zu erfinden.

Plötzlich riss Kurmo seinen Blick vom Spiel, als schrecke er aus einem dunklen Traum auf.

»Es passiert etwas!«, stieß er hervor.

»Nur keine Panik. Der Kürbiskopf hat uns schon nicht in die Falle gelockt«, murmelte Johann beruhigend.

»Meiner Mutter«, rief Kurmo, und seine schöne tiefe Stimme flatterte dabei. »Ihr ist etwas passiert!«

»Was?« Johann blickte vom Rechner hoch und sah auf die Fernsehuhr. Schon sieben Uhr abends? »Ja, komisch. Frau Tossilo müsste längst wieder hier sein.« Sogleich schickte er ihr eine Nachricht. Doch sie erhielten keine Antwort. Also rief Johann an. »Der Teilnehmer ist vorübergehend nicht erreichbar«, war alles, was zurückkam.

»Aber, aber was …?« Mehr brachte Janka nicht hervor. Kurmos Schwanz fegte aufgeregt über den Boden. Er streifte den Topf des Gummibaums und riss ihn um. Die freudig knisternde Spannung, die die drei während des Spielens ergriffen hatte, war mit einem Schlag einer anderen Spannung gewichen. Einer kalten.

»Jetzt mal ganz nüchtern«, versuchte Johann sie alle wieder zu beruhigen. »Frau Tossilo kommt sicher gleich, es ist eben viel Verkehr und viel …«

»Nein«, entfuhr es Kurmo. »Das ist es nicht. Das spüre

ich. Es zieht in mir drin. Es wummert und dröhnt. Ich muss sie vor etwas Gefährlichem bewahren. Raum mich hinaus! Ich muss los.«

»Moment, nicht so schnell! Es ist noch hell. Du kannst nicht einfach losfliegen. Außerdem, wohin eigentlich?«, fragte Johann.

»Ich fliege dem Ziehen nach. Ob es hell ist oder nicht, kümmert mich nicht. Raume mich hinaus, oder ich zerschlage das Glas.«

Janka legte dem bebenden Drachen eine Hand auf den silbrigen Hals.

»Kurmo, jetzt warte doch mal«, sagte sie, so ruhig sie konnte. »Vielleicht sollten wir erst mal unsere Eltern anrufen.«

»Mama und Papa haben doch ihre Handys gar nicht dabei!«, warf Johann ein. »Die liegen doch oben und sind ausgeschaltet. Nein, wir rufen die Polizei. Wenn es einen Unfall gegeben hat, dann ...«

»Und was willst du denen sagen?«, unterbrach ihn Janka. »Dass unsere Nachbarin nicht mehr zurückkommt und dass ihr Drache spürt, dass ihr etwas zugestoßen ist, oder wie?«

»Das mit dem Drachen würde ich weglassen«, meinte Johann.

»Es ist kein Unfall. Ich muss los«, brauste Kurmo. Mit seinem mächtigen Schwanz holte er aus und wollte die Balkontür zertrümmern.

»Warte!«, rief Janka und sprang vor die Scheibe. »Wenn du jetzt im Hellen losfliegst und deshalb gefangen wirst, dann hilft das Frau Tossilo rein gar nichts!«

Kurmo zögerte. Er kämpfte mit sich. Seine Flanken bebten.

»Dann kommt sie vielleicht nie wieder!«, legte Janka nach und machte wieder einen Schritt auf den Drachen zu. Sie streckte ihre Hand aus und berührte ihn an den weichen Nüstern. »Außerdem begleiten Johann und ich dich! Was auch immer Frau Tossilo zugestoßen ist, wir kommen mit. Aber es muss dunkel sein.«

Kurmo ließ Jankas Berührung geschehen. Er stieß nochmals Luft aus, dann nickte er. Als die Dämmerung schließlich einzusetzen begann, hatte er sich sogar so weit beruhigt, dass Janka nach oben rennen konnte, um nach etwas zu suchen, das man vielleicht als Sattel verwenden könnte.

34
Flug durch die Nacht

Es war elf Uhr nachts. Sie waren startklar. Janka hatte in ihrem Schrank eine rote Stoffbahn gefunden, die sie vor ein paar Jahren beim Zirkusflohmarkt gekauft hatte. Die hatte sie Kurmo nun um den Hals und die Vorderbeinansätze geschlungen. So konnte sie in seinem Nacken sitzen und sich an den Schlingen festhalten. Sie fand, ein langes Tuch sollte eigentlich für jeden zur Reiseausstattung gehören.

Johann brauchte keine Schlaufen zum Festhalten. Er hatte vor, sich während des Fluges in Kurmos Rückenvertiefung zusammenzurollen. Mit dem Schuppendach darüber. Ihm war schon schlecht, wenn er nur daran dachte, wie tief hinunter es von einem fliegenden Drachen ging. Das brauchte er nicht unbedingt noch mit eigenen Augen zu sehen.

Janka öffnete die Balkontür und trat in die kühle Nachtluft hinaus. Sie beugte sich übers Geländer, sah die Hochhausfassade erst empor, dann hinab. Aus einem Fenster im Erdgeschoss flackerte das bläuliche Licht eines Fernsehers. Alle anderen Stockwerke waren so dunkel wie der gegenüberliegende Rohbau. Fernes Bahnrattern drang zu Janka herauf. Irgendwo wummerte ein Bass. Aus der Richtung der Pappeln trillerte Gezwitscher. Vielleicht eine Nachtigall.

»Ich glaube, wir können los«, flüsterte Janka ins Wohnzimmer hinein und schloss die Tür.

Sofort umschlang Kurmo Johann mit dem Schwanz und hob ihn hoch.

»He-e!«, rief Johann erschrocken. »Ich rutsche! Halt mich! Hilfe, ich, oh.« Dann lag er auch schon in der Rückenkuhle. Janka kicherte.

»Jo? Alles klar da oben?« Sie hörte, wie Johann sich aufrappelte. Er kniete sich hin, sah zu ihr hinunter, weiß im Gesicht, und fuhr sich über die Stirn.

»Alles klar. Ich werd's überleben. Kannst du mir den Laptop raufgeben? Auf so einen schwungvollen Aufstieg war ich nicht vorbereitet.«

»Ich war doch sanft«, gab Kurmo von sich und versuchte, mit seiner Schwanzspitze Johann die Wange zu tätscheln.

»Ja, du warst sanft«, rief Janka dem Drachen zu und reichte ihrem Bruder die Tasche mit dem Laptop, »aber jetzt lass mal den Schwanz liegen. Erstens pflügst du noch Frau Tossilos komplette Wohnung um, und zweitens kann ich sonst nicht hinaufklettern!«

Doch ehe Janka losbalancieren konnte, hatte der Drache sie ebenso schon umschlungen und auf den Rücken geworfen.

»Also dann, Johann«, raunte er. »Raum uns hinaus.«

Janka griff schnell nach einer großen Rückenzacke und zog sich weiter bis an Kurmos Halsansatz hinauf.

»Was ist denn nun?« Kurmo trat von einem Fuß auf den anderen.

»Ich muss mich noch richtig hinruckeln«, empörte sich Janka. »Und meinen Rucksack will ich auch noch am Tuch festschnallen.«

»Jetzt?«, fragte Kurmo.

Janka presste ihre Schenkel an den Drachenleib und umklammerte das rote Tuch so fest, dass ihre Fingerknöchel weiß wurden. Wo auch immer sie jetzt hinfliegen würden, sie war bereit. Trotz der Sorge um Frau Tossilo begann ihr Herz freudig zu trommeln. Gleich würde sie ihren ersten Flug erleben. Den Flug, auf den sie schon so lange gewartet hatte.

Sie sah sich zu ihrem Bruder um und lächelte. Johann nickte ihr zu und drückte auf *Enter*.

Die Luft riss. Schlug aufeinander. Es donnerte. Schon

befand sich das Drachentrio auf dem Balkon. Eine von Frau Tossilos Plastikkrähen zur Taubenabwehr wurde aus der Verankerung gerissen und fiel in die Tiefe, aber darum konnten sie sich jetzt nicht kümmern.

Kurmo ließ sich von der Brüstung fallen, schlug mit den Flügeln und stieg in die weite Nacht hinauf.

Nie hätte Janka sich träumen lassen, dass es sich so wunderbar anfühlte. So groß, so frei, so unbeschreiblich. Sie spürte Kurmos Kraft und seine warme weiche Drachenhaut unter sich. Sie saß sicher und ruhig und geborgen. Die Lichter der Stadt glitzerten wie ein Meer aus Sternschnuppen, und all die Straßen und Häuser, die Janka nur vom Boden aus kannte, sahen von hier oben verheißungsvoll aus. Am liebsten hätte sie gequietscht vor Wonne. Am liebsten hätte Kurmo einmal um den rotblinkenden Fernsehturm herumfliegen sollen und auf der Kugel oben landen, damit alle sie sehen konnten! Sie, das Mädchen auf dem Drachen, mit dem Bruder im Gepäcknetz in nächtlicher Mission ... Sie wollte ...

»Es ist weit«, raunte Kurmo, »schlaft am besten. Wir werden Kraft brauchen.«

»Okay«, kam es von Johann. »Hatte ich sowieso vor. Kannst du vielleicht das Dach mal draufmachen? Der, äh, Mond blendet.«

Kurmo antwortete nicht, ließ aber mit einer sanften Bewegung seine Schuppenhaut über Johann gleiten.

»Ich schlaf doch jetzt nicht!«, rief Janka empört. »Ich

hab doch so was noch nie erlebt. Ich wäre schön blöd, jetzt wegzudämmern. Ich muss aufpassen und alles mitkriegen. Es ist so unglaublich, es ist so groß, und ich bin hier mittendrin, auf dir und überhaupt ...«

Kurmo schwieg. Er flog höher. Schneller und schneller. Ohne die winzigste Verwirrung rauschte er durch die Dunkelheit. Er schien genau zu wissen, wohin er musste, und auch, dass er sich nicht allzu viel Zeit lassen durfte.

Janka konnte das Ziehen nach Frau Tossilo in seiner Drachenbrust förmlich spüren. Es wurde ja auch stetig stärker. Und irgendwann begann ihr Herz richtig davon zu schmerzen. Es war nicht ihr eigener Schmerz. Es war Kurmos. Doch er riss so unbarmherzig an ihr, dass all ihr Glücksgefühl über das Fliegen davonwehte.

Jeder Flügelschlag rief: »Mutter!« »Mutter!« »Mutter!«

»Es wird alles wieder«, sprach Janka ihm Mut zu, »hey, Frau Tossilo kommt bestimmt wieder.«

Kurmo schien sie nicht zu hören, und sein Schmerz breitete sich weiter in Janka aus.

»Johann!«, rief sie, doch Johann hörte sie nicht, er schlief bereits. Janka wurde selber ganz traurig, wusste nicht mehr, was sie jetzt tun sollte oder wie sie Kurmo noch erreichen konnte. Niemand war da, um ihr einen Rat zu geben. Ringsherum war nur Dunkelheit. Sie konnte ja auch eigentlich gar nichts tun. Wie sollte sie nur so etwas Großes wie einen Drachenschmerz wegtrösten können? Sie war ja so klein, viel zu schwach, viel zu wenig ...

Sieh hinauf, drang Kurmos dunkle Stimme wie durch eine Art Nebel zu ihr. Janka war sich sicher, dass er nicht gesprochen hatte, und doch war es ganz deutlich seine Stimme, die sie da hörte.

Sieh hinauf, sieh hinauf, klangen die Drachenworte in ihrem Inneren.

Es fiel ihr nicht leicht, den Kopf zu heben. Sie war so eingewühlt in den Schmerz, in das Ziehen, dass sie sich kaum noch rühren konnte. Doch schließlich gelang es ihr. Der Mond hing über ihnen. Er steckte in der Nachtdecke wie eine riesige Kugel Vanilleeis und leuchtete. Hell und klar und still.

Weitere Nebelworte tauchten in Janka auf. Uraltes Wissen, das plötzlich in ihr lebendig wurde. Es war Kurmos Stimme, die da sprach, und gleichzeitig war sie es nicht.

Mond ist nicht Sonne.
Sein Licht ist nicht seines.
Es kommt von der Wonne,
die aus allem macht Eines.

Janka spürte den Flugwind im Gesicht. Sie schöpfte Atem, richtete sich auf und bemerkte, wie Kurmos Schuppen im silbernen Licht funkelten. Das Ziehen in seiner Brust war immer noch da, gleich stark, aber irgendwie kam es Janka jetzt nicht mehr so schlimm vor. Weiter lauschte sie in sich hinein.

*Du kannst mich sehen
durch diesen Spiegel des Lichts.
Doch bleibe du stehen,
sonst wird das Viele zu Nichts.*

Dann war es still in ihr. Janka konnte Kurmos Schmerz plötzlich spüren und aushalten. Der Drache hatte ja auch wirklich nichts davon, wenn sie zu traurig wurde, um für ihn da zu sein.

Sie sah die Dunkelheit, in die sie unaufhörlich hineinglitt, und plötzlich war ihr, als flöge sie selbst. Sie wusste zwar, dass es Kurmo war, der flog, dass es seine Aufgabe war. Aber sie war der Mensch, der auf dem Drachen saß, und dies war auch wichtig. Es war ihre Aufgabe, ihn zu begleiten, so gut sie es eben vermochte. Nicht besser und nicht schlechter. Alles war in diesem Augenblick enthalten. In diesem Augenblick und im nächsten und im nächsten, unter dem Sternenhimmel, wo für alles Platz war.

Sie schlief ein.

Der Mond sah das Mädchen auf dem Drachen und alles andere auch, und er schickte ein Lächeln in die Dunkelheit hinaus.

35
In der Fremde

Der Parkplatz lag im Dunkeln und war von Fichten umrahmt. Frau Tossilo zitterte nicht mehr, als der Wagen hielt. Sie waren so lange gefahren. Sie und die drei Fremden. Und bisher war ihr nichts passiert. Abgesehen davon, dass die Männer ihr das Handy weggenommen hatten, ihre Handgelenke mit einem komischen Starkgummiband am Vordersitz festgebunden waren und dass ihr ein bisschen übel war. Die letzte Stunde Autofahrt war durch eine bergige Gegend mit schlimmen Kurven gegangen, da konnte einem schon übel werden.

»Aussteigen!« Einer der drei löste das Gummiband vom Vordersitz und hielt Frau Tossilo am Oberarm fest.

»Kommen Sie!«, sagte ein anderer. Der unangenehme Mundgeruch des Mannes ließ Frau Tossilos Übelkeit etwas stärker werden. Aber bis auf die Übelkeit ging es ihr wirklich nicht so schlecht. Sie hatte ihr ganzes Leben damit zugebracht, sich vor einer düsteren Zukunft zu fürchten. Jetzt, wo die Umstände wirklich unangenehm waren, fühlte sie sich seltsam gelassen.

Ich werde mir auf keinen Fall irgendeine Angst anmerken lassen, dachte sie und fragte dann ziemlich barsch: »Langsam könnten Sie mir den Grund verraten für diesen … ja, sagen wir mal, für diesen Ausflug?«

»Als ob Sie den nicht wüssten«, grummelte der Mann zu ihrer Linken.

»Nein! Ich weiß ihn nicht. Sagen Sie ihn mir!«

Keiner der drei antwortete. Stattdessen lenkten sie sie weiter. In der Mitte des Parkplatzes warf eine trübe Laterne etwas Licht auf den Asphalt. Dort blieben sie stehen. Einer der Männer sah auf sein Handy.

»Und was stehen wir jetzt hier herum?« Frau Tossilo bemühte sich, dass ihre Stimme schnippisch blieb.

»Wir warten!«, sagte der Mann mit dem Mundgeruch.

»Aha. Wir warten also. Auf was warten wir denn?«

Das ferne Rattern eines Hubschraubers erklang.

»Auf den.«

Wenig später neigten sich die Bäume rauschend zur Seite. Der Hubschrauber erschien als dunkle Masse über den Wipfeln und landete wenige Meter vor ihnen auf dem Parkplatz. Die Schraube auf dem Dach drehte sich noch, als seitlich die Tür aufging.

»Bitte sehr«, sagte der Mann mit dem Mundgeruch. Er dirigierte Frau Tossilo vorwärts und wies sie an, sich in die Hubschrauberkabine zu setzen. Er selbst blieb draußen. Das Gehäuse schloss sich automatisch.

Flogen diese Kerle gar nicht mit? Oder gab es hier noch einen anderen Einstieg? Frau Tossilo sah sich um. Die Kabine war spärlich und bläulich beleuchtet und mit vier schwarzen Sitzen mit Anschnallgurten eingerichtet. Eine Art Kabel baumelte von der Decke. Frau Tossilo ließ sich in einen der Sitze fallen und erschrak. Dort in der Ecke stand jemand. Eine komplett in Schwarz gekleidete Frau. Nur ihr Gesicht war weiß. Sie rührte sich nicht. Sie sagte auch nichts. Sie blickte Frau Tossilo nur aus schmalen Augen an. Eine ganze Weile tat sie das, bis Frau Tossilo es nicht mehr aushielt.

»Könnten Sie mir diese Gummibänder von den Handgelenken nehmen. In der Luft kann ich ja wohl kaum irgendetwas machen oder weglaufen!«, stieß sie hervor, um das unheimliche Schweigen zu brechen.

»Weglaufen nicht.« Die Stimme der Frau war seltsam tonlos. »Aber vielleicht kommt er ja schon, ehe wir vor Ort sind. In dem Fall ist es besser, Sie sehen ein wenig hilflos aus. Wir wollen schließlich nicht abstürzen.«

»Was soll das heißen? Ehe wir vor Ort sind?«, fragte

Frau Tossilo unsicher. »Und wer kommt vielleicht jetzt schon?«

»Ihren kleinen Schützling meine ich«, sagte die Frau gedehnt. »Genau genommen, unseren kleinen Schützling. Schließlich haben Sie sich das Vieh ja unrechtmäßig angeeignet.«

»Ich habe mir überhaupt niemanden angeeignet! Und nur für den Fall, dass Sie von Kurmo sprechen!«, zischte Frau Tossilo, »dann verbiete ich Ihnen, ihn Vieh zu nennen.«

»Oh! Kurmo haben Sie ihn genannt. Süß!« Der Mund der Frau verzog sich spöttisch. »Sie haben den Drachen gestohlen! Er ist Eigentum von Black West International. Und da Sie ihn nicht freiwillig wieder zurückgegeben haben, müssen wir eben nun solche Methoden anwenden.«

Die Kabine ruckelte leicht. Der Umriss der Frau ruckelte auch. Für einen winzigen Augenblick sah sie durchscheinend aus, wie eine blasse Projektion.

Der Hubschrauber erhob sich, und in Frau Tossilos Bauch begann ein Knoten aus Angst und Wut zu wachsen. Am liebsten hätte sie dieser sonderbaren Frau das spöttische Lächeln von den Lippen gekratzt. Aber sie traute sich nicht, ihr zu nahe zu kommen.

Wo flogen sie hin? Würde Kurmo wirklich kommen? Würde er einfach so den Weg zu ihr finden? Das schien jedenfalls der Plan dieser Leute zu sein. Von ihr wollten die gar nichts, sie sollte nur den Lockvogel spielen.

Da tat Frau Tossilo etwas, was sie lieber nicht hätte tun sollen. Sie wandte sich in Gedanken an Kurmo und beschwor ihn, nicht zu kommen. Sie flehte ihn an, zu bleiben, wo er war. Sie wusste ja nicht, wie es in Kurmo riss und zerrte. Sie wusste nicht, dass solch ein starkes Denken den Drang, möglichst schnell zu ihr zu fliegen, um ein Hundertfaches verstärkte.

Frau Tossilo musste wohl eingeschlafen sein. Als sie jemand leicht am Arm berührte und »Hallo, aufwachen!« rief, war es bereits heller Morgen und der Hubschrauber war irgendwo gelandet. Die Sonne schien mild. Die schwarzgekleidete Frau war verschwunden. Die Gummibänder auch.

Ein junger Mann hatte sie geweckt. Er trug Jeans, ein lässiges Shirt und hatte die Haare zu einem Pferdeschwanz gebunden. Er sah eigentlich ganz nett aus. Zuvorkommend half er Frau Tossilo aus dem Hubschrauber. Sie landete auf einem Platz mit flussgrünen Pflastersteinen, der von riesigen weißen Betongebäuden mit Glasfassade umsäumt wurde. In der Mitte des Platzes schlugen weiße Fahnen mit schwarzem Logo im leichten Morgenwind. Das Logo sah aus wie zwei mächtige Türme, bei denen oben jeweils ein Viertelkreis fehlte. Sieht aus wie eine schwarze Weste, dachte Frau Tossilo. Wo war sie denn hier gelandet? Was war das für ein Ort? Ein Terminal? Ein Campus? Aber wohl ein unbenutzter. Leute schien es hier jedenfalls keine zu geben. Nur Fahnen und zurechtgestutzte Bäume. Etwas knirschte leise. Frau Tossilo fuhr herum. Ein fahrerloser, weißglänzender Shuttle glitt auf sie zu. Beinahe lautlos, ja, fast schwebend. Dann beschleunigte er plötzlich, wich geschmeidig aus und hielt schließlich weiter vorne vor einem der schicken Gebäude an. Ein Weg wurde auf die Pflastersteine projiziert, dann spuckte der Shuttle eine kleine Gruppe Männer in Anzügen aus. Es gab also doch Menschen.

»Wir gehen lieber zu Fuß«, meinte der junge Mann freundlich und schlenderte los. »Ein bisschen Bewegung wird Ihnen sicherlich guttun.«

Der hält mich ja gar nicht fest, bemerkte Frau Tossilo und begann sogleich, möglichst unauffällig das Areal mit den Augen nach einer Fluchtmöglichkeit abzusuchen.

Soweit sie erkennen konnte, war es überall mit einem hohen Stahlzaun versehen. Weiter vorne ein Tor mit Schranke. Daneben eine Pförtnerkabine.

»Möchten Sie eigentlich Kaffee?« Der junge Mann war stehen geblieben.

Frau Tossilo nickte überrascht und suchte den Stahlzaun nach einer Öffnung ab.

»Dann kommen Sie.«

Sie kamen an ein Gebäude, dessen Eingangstür ein riesiger weißer Bildschirm war. Bunte Zeichen bewegten sich darauf. Die Tür ging lautlos auf wie ein stummer Schlund. Ein kieselgrauer Gang lag dahinter. Darauf fuhr ein weißglänzender Putzroboter und wischte den sauberen Boden.

»Kommen Sie nur«, lächelte der Mann. »Es passiert Ihnen nichts.«

Nun wurde seitlich eine Tür geöffnet, und eine junge hübsche Dame in elfenbeinfarbenem Anzug trat heraus. Sie trug ein Silbertablett mit zwei weißen dampfenden Kaffeetassen darauf.

»Milch und Zucker?«, wandte sie sich an Frau Tossilo. Auch sie klang überaus freundlich. Das ist sicherlich eine Taktik, dachte Frau Tossilo, darauf falle ich nicht rein.

»Schwarz!«, bellte sie, obwohl sie gerne Milch im Kaffee hatte. Aber sie hatte einmal gelesen, dass man Leuten, die ihren Kaffee schwarz tranken, mehr Respekt entgegenbrachte. Und den wollte sie jetzt haben. Sie würde sich weder einschüchtern noch sich von scheinheiliger Freundlichkeit um den Finger wickeln lassen.

Der junge Mann nahm das Tablett entgegen und reichte Frau Tossilo im Weitergehen eine Tasse.

»Wo sind wir hier?« Frau Tossilo nippte an dem bitteren und viel zu heißen Kaffee.

»Wir sind auf einem unserer Campus. Kommen Sie, es ist nicht mehr weit«, sagte der junge Mann, ohne sich umzudrehen. Er betrat einen geräumigen Aufzug. Frau Tossilo ärgerte sich, aber sie folgte ihm. Wieso ging sie ihm so lammfromm hinterher? Sie musste doch fliehen!

»Auf einem Ihrer Campus, aha. Und wo sind wir hier,

ich meine, bei welcher Stadt oder in welchem Land und so weiter? Klären Sie mich auf.«

Der Aufzug setzte sich in Bewegung. Nach unten. Der junge Mann zog ein Gerät heraus und wischte darauf herum. Dann hielt er es sich kurz an die Stirn.

Diese Bewegung kam Frau Tossilo irgendwie bekannt vor. Sie hatte sie schon einmal gesehen, doch sie konnte sich nicht mehr erinnern, wo und bei wem.

»Hören Sie mal, ich möchte wissen, was hier eigentlich los ist. Sie scheinen doch ganz vernünftig zu sein«, versuchte sie es noch einmal.

Die Aufzugtüren öffneten sich wieder. Frau Tossilo blieb der Atem stehen. Vor ihr lag ein dunkles Felsplateau und in dessen Mitte ein Zimmer in goldenem Licht. Nein, kein Zimmer. Ein großer Glaskasten, eingerichtet mit einem Gummibaum, einem flauschigen Teppich, einer Vitrine mit Nagellackfläschchen in allen Farben und einem großen Bett mit violettem Laken. Das goldene Licht schien von der Sonne zu kommen, obwohl die hier eigentlich nicht hereinscheinen konnte.

Frau Tossilos Blick wanderte die felsartigen Wände hinauf, an denen stellenweise grünes, algiges Wasser herabrann. Sie gingen in dunkle, gusseiserne Platten über, die weit oben den Blick freigaben auf ein kleines quadratisches Stück Himmel.

»Es mag etwas komisch klingen«, sagte der junge Mann und schob die verdatterte Frau Tossilo in das gläserne Gefängnis hinein. »Aber ich wünsche Ihnen einen angenehmen Aufenthalt. Nehmen Sie es nicht persönlich. Sobald der Drache sich gut abgelöst hat, können Sie wieder nach Hause.«

»Was fällt Ihnen ein? Gut abgelöst, Sie sind wohl nicht recht bei Trost!«, fauchte Frau Tossilo.

»Sie werden selbstverständlich für Ihren Verdienstausfall entschädigt. Ich muss jetzt los. Jemand vom Leitungsteam kommt sicherlich nachher noch persönlich vorbei, um mit Ihnen alles zu besprechen. Auf Wiedersehen.«

Frau Tossilo machte einen wütenden Schritt auf den jungen Mann zu, da schloss sich die dicke Glastür zwischen ihnen. Aufgebracht hämmerte sie mit der Faust dagegen. Doch der Mann drehte sich nicht einmal nach ihr um, als er wieder in dem seltsamen Aufzug verschwand. Jetzt war sie allein.

36
Black West International

»Ich verstehe nicht, Sarvas, weshalb der Drache noch nicht hier ist! Sobald die Person, auf die er geprägt ist, sich über mehrere Stunden außerhalb des üblichen Radius aufhält, beginnt das Prägungsziehen! Das haben Sie uns versichert. Wo bleibt er also?«

Der aschblonde Mann mit den schmalen Lippen stützte sich mit beiden Händen auf seinen blanken weißen Schreibtisch. Er sah gereizt auf einen zierlichen Mann, der in dem schwarzen Drehledersessel fast versank. Der Mann rührte sich nicht. Er schwieg. Nur für den Bruchteil einer Sekunde krallten sich seine Hände zusammen.

»Hören Sie, Sherpa Sarvas, ich rede mit Ihnen! Ich

habe Sie gefragt, was mit dem verfluchten Prägungszug los ist?«

Der zierliche Mann murmelte etwas. Seine Hand fuhr jäh an seinen Hals, verweilte dort einige Sekunden still und fiel dann zurück auf seinen Oberschenkel. Er saß wieder reglos, als sei nichts geschehen oder aber als müsste er auf der Hut sein. Als könnte die kleinste Bewegung etwas Gefährliches auslösen, ungewollt Aufmerksamkeit auf sich ziehen. Bedächtig griff er nun in die Tasche seiner abgetragenen braunen Jacke, fischte etwas daraus hervor und hielt dem Schmallippigen schließlich ein rosa eingewickeltes Bonbon hin.

»Hier, nehmen Sie eines.« Seine Stimme hatte eine fremdartige Melodie. »Mich beruhigt dieser Himbeergeschmack immer. Er erinnert mich an meine Kindheit.«

»Kindheit interessiert mich nicht.« Der Schmallippige verzog ärgerlich seinen Mund. Er stand auf. »Mich interessiert Fortschritt, sonst nichts!«

»Ich weiß«, sagte der andere leise, und seine dunklen Augen fixierten den Schmallippigen. »Weshalb sollte man sonst freiwillig einen Drachen haben wollen? Aber glauben Sie mir …«

»Behalten Sie Ihre Weisheiten für sich«, knurrte der Schmallippige abfällig. »Sie haben Ihren Vorschuss bekommen, und ich habe Ihnen zugesichert, dass Sie Ihr gesamtes Honorar erhalten, trotz des ganzen Heckmecks. Und *Sie* haben uns zugesichert, dass das Vieh hier aufkreuzen wird. Binnen weniger Stunden, haben Sie prophezeit! Und jetzt? Fehlanzeige! Bisher zeigen all unsere Kameras rundherum einen leeren Himmel. Höchstens fliegt da mal ein Falke durch.« Er sah aus den bodentiefen Glasscheiben hinaus auf den großen flussgrünen Platz. Die Fahnen flatterten im Wind, die Shuttle glitten hin und her, ansonsten war der Platz steril und leer. Sherpa Sarvas wand sich aus dem schwarzen Sessel, trat ebenfalls an die Scheiben und sah hinaus.

»Zugegeben, weiß ich nicht, warum der Drache noch nicht da ist. Vielleicht dürfte ich ja einmal mit der Frau sprechen. Falls sein Navigationssinn beschädigt sein sollte, müsste sie es doch wissen.«

»Sie glauben doch wohl nicht ernsthaft, dass die etwas über Drachennavigation weiß? Die weiß gar nichts. Die hat keine Ahnung, was sie da überhaupt in der Wohnung hatte«, rief der Schmallippige.

»Vielleicht ja doch. Ich würde wirklich sehr gerne mit ihr sprechen.« Sherpa Sarvas' dunkle Augen weiteten sich, und er trat noch näher an den Schmallippigen heran.

»Also gut«, murmelte dieser schnell. »Ich lasse Sie zum Glasbunker bringen. Finden Sie etwas heraus. Aber beeilen Sie sich! Wir haben jahrelang darauf gewartet, dass Sie uns ein Ei beschaffen. Dann haben wir monatelang auf das Schlüpfen gewartet. Und jetzt warten wir auch schon wieder fast zwanzig Stunden, dass der Drache endlich hier auftaucht! Mir geht langsam, aber sicher die Geduld aus!«

»Geduld ist das Wichtigste für wahres Gelingen«, erwiderte Sherpa Sarvas, und seine Nasenlöcher blähten sich mit einem Mal, als wittere er etwas.

»Ich sagte Ihnen bereits, dass Sie Ihre Weisheiten für sich behalten sollen!«, stieß der Schmallippige ungehalten hervor.

»Schon gut.« Sarvas verließ den Raum.

***

Frau Tossilo stand vor der dicken Scheibe ihres Glasgefängnisses. Die Stunden verschwammen. Ihr taten die Beine weh. Sie hätte sich gerne hingelegt oder zumindest hingesetzt, aber sicherlich nicht auf dieses Bett. Den scheußlichen Teppich wollte sie nicht einmal anschauen, und mit dem Nagellack würde sie höchstens die dicken Scheiben anstreichen. Sie sah hinaus auf die feuchten Felswände. Moosgrüne Eisenringe waren im Stein befestigt, daran hingen dicke Ketten, als wolle man hier einen Tanker festmachen.

»Kurmo«, flüsterte sie leise. »Kurmo, komm bloß nicht hierher! Bleib bei Janka und Johann. Hörst du? Komm nicht!« Aber Kurmo war schon ganz nahe. Und Janka und Johann taten alles dafür, dass er bei ihnen blieb, auch wenn sie im Moment der Landung mitten im Gebirge noch tief und fest schliefen.

Frau Tossilo rieb sich die Hände übers Gesicht, als sich

plötzlich die Aufzugtüren in der Felswand öffneten. Ein kleiner dünner Mann in abgewetzter Jacke trat heraus. Seine Augen waren dunkel, ja, fast schwarz, und sie standen merkwürdig weit auseinander. Er sah sich kurz auf dem Felsplatz um, dann näherte er sich dem gläsernen Bunker. Urplötzlich verharrte er. Ein kleines Beben ging durch seine Ellbogen, als wären dort unsichtbare Fäden festgemacht, die jemand anzupfte und rüttelte.

Den kenne ich doch von irgendwoher!, schoss es Frau Tossilo durch den Kopf. Das Mexikohotel. Die Aussichtsterrasse. Ja, dieser Mann war zur selben Zeit wie sie in Mexiko gewesen. Im selben Hotel.

Jetzt trat er in den Glasraum. Mit ihm wehte ein Duft von Himbeeren herein und mit dem Duft Erinnerungsfetzen an Worte, die er in sein Handy gesprochen hatte, als Frau Tossilo auf der Hotelterrasse an ihm vorbeigekommen war.

»Das Ei kostet zwei Millionen. Ungefährlich ist die Sache nicht ...«

Hatte er damals Kurmos Ei gemeint? Hatte *ihm* der falsche pinke Koffer gehört?

»Ist hier alles nach Ihren Wünschen?«, erkundigte er sich nun und kam näher.

Wie weich und singend er sprach. Trotzdem mochte Frau Tossilo ihn nicht direkt ansehen. Dieser Mann war eigenartig. Er hatte etwas an sich, was sie noch nie bei einem Menschen wahrgenommen hatte.

»Durchaus«, sagte sie also so spitz wie möglich. »Ich fühle mich wie zu Hause.«

»Das ist gut. Die Raumausstatter waren sich nämlich unsicher.«

»Ach ja?«, schnappte Frau Tossilo und griff sich ein Fläschchen Nagellack.

»Ich würde gerne wissen, was Sie dem Drachen zu fressen gegeben haben?«

»Burtelsur«, antwortete Frau Tossilo. Auch wenn Sie bis heute noch nicht herausgefunden hatte, was Burtelsur eigentlich war.

»Burtel was?«, fragte der Mann.

Frau Tossilo glaubte, einen Anflug von Unsicherheit in seiner Stimme hören zu können.

»Burtelsur! Nicht Burtelwas!« Sie öffnete den Nagellack und begann einen pinken Schnörkel auf die dicken Scheiben zu malen.

»Was soll das sein? Burtelsur? Das habe ich noch nie gehört.« Sarvas sah sie misstrauisch, aber auch mit großem Interesse an.

»Kennen Sie die Marke, ähm, Rüttgen?«, murmelte Frau Tossilo hastig und malte neben den Schnörkel noch einen weiteren.

Sarvas antwortete nicht, und so fuhr Frau Tossilo fort. »Rüttgen stellt ausgezeichnetes Burtelsur her. Man kann es im Internet bestellen.«

»Soviel ich weiß, ist Rüttgen eine Firma, die Einlegesohlen für Schuhe herstellt«, antwortete Sarvas ungerührt. Er trat nun näher an Frau Tossilo heran.

»Ich möchte wissen, was es wirklich ist. Sagen Sie es mir! Sagen Sie es mir, und ich werde mich erkenntlich zeigen.«

»Und ich möchte wissen«, knurrte Frau Tossilo, »wie Sie einen Drachen ernähren wollen, wenn Sie anscheinend keine Ahnung haben, was er eigentlich zu sich nimmt und was er sonst noch alles braucht!«

»Sie brauchen Brennnesseln. Jedenfalls solange sie noch im Babystadium sind. Haben Sie ihn mit Brennnesseln gefüttert?«

Sarvas' Hände krallten sich zusammen. Er fuhr sich kurz an den Hals, als müsse er dort seinen Puls fühlen.

Frau Tossilo zuckte innerlich zusammen.

»Ich habe ihn nicht gefüttert. Er nimmt seine Nahrung eigenständig zu sich«, zischte sie.

»Ich kann verstehen, dass Sie ärgerlich sind, aber Sie müssen auch mich verstehen. Eine Person mit Ihrer Erfahrung könnte mich …«

Es hämmerte gegen das dicke Glas. Ein Mann mit zusammengekniffenem Mund stand dort und winkte den zierlichen Mann hektisch zu sich heraus.

Widerwillig riss er sich von Frau Tossilo los und verließ den Glasraum.

Die beiden Männer sprachen miteinander. Das Glas war wie eine Mauer. Nicht der leiseste Ton drang zu Frau

Tossilo herein. Das Gespräch war schnell beendet. Der Schmallippige geleitete den zierlichen Mann zum Aufzug, verzog seinen blutleeren Mund und sah für einen langen Moment nach oben, zu dem eckigen Himmelsstück. Dann kam er über das Plateau und trat in Frau Tossilos Gefängnis.

37
Zwischenlandung

Kurmo hielt witternd die Nüstern in die Luft. Die sandfarbene Gebirgsgegend, in der er gelandet war, war völlig windstill. Dennoch flatterte ein aufgeregtes Rieseln durch die Nadeln der krummen Fichten, die ihren Rastplatz umgaben. Ein Rieseln und Wispern, als wollte jeder einzelne Zweig ihm etwas Dringliches mitteilen.

Nachdem sie die ganze Nacht geflogen waren, hatte Kurmo in der Morgendämmerung zur Landung angesetzt. Die Berge hier waren gänzlich unbewohnt. Hier konnte er Kraft schöpfen, ohne Angst haben zu müssen, dass ihn jemand sah.

Janka und Johann hatten noch weit in den Morgen hinein geschlafen. Jetzt waren sie losgezogen, um eine Quelle oder einen Bach zu finden. Der Stapel belegter Brötchen in Jankas Rucksack war groß, aber genügend Wasser hatten sie nicht dabei.

Kurmo scharrte mit den Krallen ein wenig im bleichen Geröll herum, reckte sich, spannte die Flügel auf und lauschte den Fichtennadeln.

»Janka! Kurmo!«, war nun Johann quer durch den Wald zu hören. »Ich klettere noch etwas tiefer, ich brauche noch eine Weile.«

»Lass dir ruhig Zeit!«, rief Kurmo in die Richtung zurück, aus der Johanns Stimme gekommen war. Seine schöne tiefe Stimme hallte von den Bergwänden wider.

Bald darauf war ein Knirschen aus Jankas Richtung zu hören, und wenig später sah Kurmo sie zwischen den Felsen auf ihn zu klettern.

»Hast du eigentlich auch Durst?«, wollte Janka wissen. In der Hand hielt sie eine gefüllte Flasche.

Kurmo schüttelte den Kopf und legte ihn dann vorsichtig auf Jankas Schulter. »Du bist eine Wasserfinderin.«

»Ja, bin ich wohl, dahinten waren gleich drei Quellen. Ich bin mal gespannt, ob Johann ebenso viel Glück hat wie ich.« Janka sah sich um. »Er ist dort hinuntergegangen, oder?«

Kurmo nickte. Wie aus dem Nichts heraus fuhr er zusammen. Seine silbrigen Schuppen stellten sich in die Höhe, und er gab einen heiseren Zischlaut von sich.

Dann riss er seinen mächtigen Kopf von Jankas Schulter und schlug ihn gegen den nächsten Felsen. Der Fels zerbrach sofort.

»Hey, ganz ruhig, ganz ruhig«, rief Janka. Sie wollte ihre Hand auf Kurmos Flanke legen, doch in diesem Moment richtete der Drache seinen Körper senkrecht in die Höhe. Er schlug hektisch mit den Flügeln und stieß sich vom Boden ab. In letzter Sekunde bekam Janka noch seinen schlingernden Schwanz zu fassen. Sie wollte Kurmo nach unten ziehen, was natürlich völlig unmöglich war, und schon brauste sie durch die Luft. Sie krallte sich mit Händen, Füßen, Beinen, Kinn, mit allem, was sie hatte, mit all ihrer Kraft an den schwenkenden Schwanz.

»Du musst sofort wieder landen, ich stürze sonst ab!«

Kurmo beachtete sie nicht. Er schien nicht einmal zu merken, dass Janka an ihm dranhing.

»Bitteee!!!«, brüllte sie voller Panik. Sie wusste, dass sie sich nicht lange würde halten können. Unter ihr rasten Baumwipfel und Felsen vorbei, dann rasten über ihr dieselben Bäume und Felsen vorbei, und dann zu ihrer Seite

»Du wirst mich umbringen! Kurmo!«

Der Flug wurde ruhiger. Kurmo landete zwar nicht, sagte auch nichts, aber sein Schwanz hielt nun still. Janka schaffte es, ein Stückchen voranzurobben. Mit Armen und Beinen angeklammert, zog sie sich Millimeter für Millimeter in Richtung Rücken.

»Was ist nur in dich gefahren?«, schimpfte sie, als sie schließlich an der Schwanzwurzel angekommen war. »Du kannst doch nicht einfach ...«

Kurmo flog eine sanfte Kurve und stieg nochmals. Sie waren jetzt so hoch, dass man eine Talschneise zwischen den buckligen Bergen erkennen konnte. Die Berge sahen selbst aus wie riesige Drachen. Allerdings wie schlafende, mit sandiger Haut und schattengrauen Spalten.

»Ich muss mich beeilen«, rief Kurmo und rauschte zwischen den Bergen hindurch. »Sie werden ihr sonst etwas tun.«

»Was?« Janka schaffte es jetzt, sich so weit vorwärtszuziehen, dass sie an der Stelle angekommen war, wo der Drache die kleine Rückenkuhle entstehen lassen konnte. »Kannst du die Mulde machen? Dann bin ich sicherer. Und du musst landen. Johann ist doch da unten ganz allein. Wir holen ihn ab, und dann können wir meinetwegen weiter.«

Kurmo ließ die Vertiefung in seinem Rücken entstehen, aber er landete keineswegs, sondern flog noch schneller. Wie ein Pfeil schoss er dahin. »Nein, ich darf keine Sekunde mehr verlieren. Ich muss zu ihr.«

Ratlos kauerte Janka sich zusammen, um dem scharfen Flugwind zu entkommen. Rechts und links sprengten frisch-grüne Laubbäume zwischen dem dunklen Grün der Fichten hervor. Gerupfte Hänge. Dann Funkmasten und Strompfeiler im weißtrüben Licht. Weit hinten am

Horizont sah Janka einen dunklen Berg auftauchen, der aussah, als hätte jemand von ihm abgebissen. Dort, wo eigentlich ein Gipfel sein müsste, befand sich eine halbkreisartige Vertiefung. Kurmo hielt darauf zu.

38
Imperialwellen

»Guten Tag, Frau, Frau Tossilo, richtig, ja? Tossilo, ein ungewöhnlicher Name. Wo kommt er her?« Der Schmallippige schlenderte durch den Glasbunker. Er fuhr mit dem Zeigefinger über die dicken Blätter des Gummibaums, als wolle er kontrollieren, ob sich dort Staub angesammelt hatte.

Frau Tossilo verfolgte seine Bewegungen mit den Augen, lauernd und wachsam.

Der Schmallippige fuhr fort: »Es freut mich wirklich, Sie kennenzulernen. Andere Umstände würde ich vorziehen, aber Sie müssen mir wohl verzeihen. Wie sonst würde ich wieder an mein Eigentum kommen? Freiwillig wollten

Sie mir ja meinen Drachen nicht übergeben.« Er sah Frau Tossilo unverwandt an. Sie hielt seinem Blick stand. »Und ich muss sagen, Sie waren ganz schön gewieft«, meinte er schließlich anerkennend.

»Was wollen Sie von Kurmo?«, fragte Frau Tossilo schleppend.

Der Schmallippige wandte ihr den Rücken zu und blickte nach draußen. Das künstlich-goldene Licht umrahmte seine Silhouette, ließ sie strahlen wie ein Heiligenbild.

»Fortschritt«, antwortete er schließlich. »Ich will Fortschritt und Sicherheit!«

»Das verstehe ich nicht«, entgegnete Frau Tossilo.

»Drachen sind Geschöpfe, die einem alles geben können«, sagte er mit Nachdruck und gleichzeitig seltsam sanft. »Alles! Das Dunkle und das Helle. Den Untergang und den Neubeginn. Das, was gewesen ist, und das, was sein wird. Und jede Schattierung dazwischen.« Langsam drehte er sich zu ihr um. »Sogar das, was niemand auch nur als Möglichkeit in Betracht zieht.«

Frau Tossilo musterte ihn überrascht. Sie wunderte sich über die plötzliche Weichheit in der Stimme des Mannes und auch über den Inhalt seiner Rede.

Sie dachte an Kurmo. In seiner Gegenwart hatte ihr wirklich nie irgendetwas gefehlt. Auch wenn Kurmo viel zu groß für ihre Wohnung war und eigentlich auch viel zu heiß. Er fraß viel zu viel, und er ließ überall Schuppenreste herumliegen und machte ihr täglich Sachen kaputt, und sie musste ihn geheim halten, was enorm anstrengend war – trotzdem. Kurmo war alles für sie. Frau Tossilo dachte jetzt so innig an ihn, dass sie fast glaubte, er stünde neben ihr, seine Nüstern bliesen ihr warmen Atem auf die Haut.

Es dauerte eine ganze Weile, bis die Stimme des Schmallippigen wieder zu ihr durchdrang.

»... man muss einfach wissen, was man von dem Vieh will. Wie gesagt, es ist schließlich fähig, einem wirklich alles zu geben. In unserem Fall ist es erst einmal schlicht und einfach Strom.«

»Strom?«, fragte Frau Tossilo verdattert. »Wieso Strom?«

»Nun ...«, begann der Schmallippige wieder, aber Frau Tossilo ließ ihn nicht weitersprechen.

»Vielleicht haben Sie ja schon mal von diesen kleinen Dingern mit der Schweinenase drin gehört? Die nennt man Steckdosen, und da kommt das, was Sie wollen, ganz einfach raus! Da können Sie meinen Drachen schön in Frieden lassen!!!«, zischte sie, und ihre Augen sprühten vor Empörung.

»Solange der Strom aus den Dosen oder sonst wo herausfließt, ist alles schön und gut«, entgegnete der Mann belustigt. »Aber was, wenn dies nicht mehr möglich ist? Hier auf unserer Erde wird es irgendwann einen Kollaps geben. Jegliche Systeme zur Stromgewinnung werden dabei draufgehen. Und was passiert, wenn dann unsere

Notfallaggregate nichts mehr liefern können? Strom ist die Grundform von allem, was uns weiterbringt. Ohne Elektrizität funktioniert unsere Welt nicht mehr. Wenn die Elektrizität versiegt, wird es hier kalt! Langsam und bedrohlich.«

Frau Tossilo zog ihre Stirn nach oben. Sie verstand nicht, was das Ganze nun mit Kurmo zu tun haben sollte. Sie war sich auch nicht sicher, ob der Schmallippige sehr fortschrittlich war oder ein wenig umwölkt. Vielleicht ja auch beides. Jedenfalls schien er eine noch stärkere Zukunftsangst zu haben, als sie es je gehabt hatte. Sie hatte noch nie über das Vorhandensein von Strom nachgedacht. Strom war einfach da, und fertig.

Der Schmallippige machte ein paar Schritte durch den Glaskasten und blieb auf dem flauschigen Teppich stehen. Mit seinen teuer glänzenden Lederslippern fuhr er durch die Flusen und beobachtete seine Füße dabei.

»Wenn von etwas wenig vorhanden ist und wenn man über dieses Wenige als Einziger verfügt, dann bringt einem das ziemlich viele Vorteile«, begann er wieder, ohne dabei den Blick vom Teppich zu nehmen. Doch dann hob er den Kopf, und die habichthellen Augen sahen Frau Tossilo direkt an. »Black West International wird das einzige Unternehmen sein, das in der Zukunft über Strom verfügt! Über Strom und über vieles andere auch.«

»Ich verstehe nicht, was Ihre größenwahnsinnigen Phantasien mit meinem Drachen zu tun haben sollen?«

Aus Frau Tossilos Augen sprühten förmlich Funken. »Sie haben nicht das Recht ...«

»Drachen verfügen über die unerschöpfliche Urkraft des Kosmos. Der Kontakt, den sie damit zu allem, was lebendig ist, herstellen können, unterscheidet sich sehr von dem Kontakt, zu dem Menschen fähig sind. Sowohl in Stabilität als auch in Qualität.«

»Von was reden Sie da? Wie meinen Sie das? Kontakt zwischen Lebewesen? Was soll das heißen?«

Der Schmallippige antwortete nicht.

»Was für einen Kontakt?«, wiederholte Frau Tossilo.

»Die allumfassende Energie, die alles verbindet.«

»Meinen Sie ...?« Frau Tossilo zupfte an dem Ärmel ihrer Bluse herum. »Sie meinen doch nicht etwa Liebe?«

»Wenn Sie diesen Schnulzenbegriff dafür verwenden wollen, tun Sie das. Ich nenne diese Energie lieber Imperialwellen.«

»Imperialwellen?«

»Ganz richtig. Bei einem Drachen strömen die Imperialwellen ohne Filter. Unsere Forschungsabteilung hat eine Methode entwickelt, mit der wir diese Wellen umwandeln können, um sie uns dann zum Beispiel in Form von Elektrizität nutzbar zu machen. Man kann sie natürlich auch in alles andere umwandeln, aber die Stromsache interessiert mich persönlich momentan am meisten.«

»Sie wollen die Liebe meines Drachen in Strom umwandeln?«, fragte Frau Tossilo ungläubig.

Der Schmallippige sah sie gleichgültig an und machte eine Zeigefingerbewegung in ihre Richtung, die wohl heißen sollte: Sie haben es erfasst.

»Das können Sie vergessen!«, fauchte Frau Tossilo. »Dazu müsste er Sie lieben. Aber das wird er niemals tun! Niemals. Er liebt mich, und ich werde …«

»Ach!«, unterbrach der Schmallippige sie abfällig, und sein Mund kräuselte sich. »Das ist doch nur die Prägung. Sie glauben doch nicht etwa, dass das etwas mit Ihnen zu tun hat und schon gar nicht mit Liebe. Jeder hätte vor dem Ei stehen können, als der Drache schlüpfte. Jeder hätte es sein können. Das wissen Sie doch ganz genau!«

Ein jäher Schmerz fuhr in Frau Tossilos Herz, blieb dort und stach wieder und wieder zu. Es war, als hätte der Mann mit seinen Worten einen Pfeil in sie hineingeschossen, aus dem tödliches Gift zu sickern begann.

»Drachenliebe oder, besser gesagt, Drachenimperialwellen sind sehr leicht zu aktivieren«, dozierte der Schmallippige genüsslich. »Wir können sie mittels einer Operation, bei der wir Elektroden in sein Gehirn pflanzen, herbeiführen. Verlässlich und dauerhaft. Wenn wir dann erst einmal dran sind am, ja, sagen wir doch ruhig am Drachenherz, dann können wir ganz leicht …« Weiter kam er nicht.

Etwas donnerte gegen die Scheibe. Etwas Großes, Schweres. Der Schmallippige fuhr zusammen. Der Glasbunker erbebte. Frau Tossilo riss ihre Augen auf. Dort draußen auf dem felsigen Grund stand er: Kurmo! Groß und stark und schmerzhaft schön. Mit seinem kräftigen Schwanz holte er aus und ließ ihn unbarmherzig gegen das dicke Glas krachen. Er riss sein gewaltiges Maul auf, und seine Zähne funkelten im künstlichen Licht wie etwas Unbezwingbares.

»Kurmo!« Frau Tossilo rannte zur Scheibe. Ehe sie einen weiteren Gedanken fassen konnte, knallte Kurmos Schwanz abermals gegen den Bunker. Die Erschütterung war enorm, doch die dicken Scheiben hielten stand.

Der Schmallippige stieß ein Flüstern hervor: »Er ist da. Er ist wirklich da! Es geschieht wirklich.« Ehrfürchtig blickte er auf Kurmo. Den Mund leicht geöffnet, die Augen geweitet. Wäre seine Gier nicht ganz so stark gewesen, er hätte ausgesehen wie ein kleines Kind, das zum ersten Mal den leuchtenden Weihnachtsbaum erblickt. Er rührte sich nicht, als Kurmo auf ihn zuraste und seine scharfen Krallen an das dicke Glas schlug. Die Krallen glitten ab, ohne Halt zu finden. Jetzt erwachte der Schmallippige aus seiner Verzückung, er riss sein Handy hervor.

»Der Drache ist da!!! Der Drache ist da!!! Schlaft ihr alle? Oder was macht ihr eigentlich hinter euren Bildschirmen? Wieso hat niemand sein Kommen gesehen und es gemeldet? Wieso sind die Protororen nicht aktiviert? Wieso kommt hier keine Verstärkung? Das Vieh ist ziemlich außer sich! Und es ist größer, viel, viel größer, als wir gedacht hatten.« Er sah wieder auf Kurmo, der nun die Flügel aufspannte und einen Satz auf das gläserne Dach hinauf machte. Frau Tossilo blickte empor. Sie sah die riesigen Krallen von unten, den schimmernden Bauch und wie der fauchende Atem die Scheiben beschlug.

Der Schmallippige steckte sein Handy weg und rannte auf das Bett zu. Hastig bückte er sich und zog einen länglichen, in gelbe Seide eingewickelten Gegenstand darunter hervor. Er schlug den Stoff auseinander und hielt ein Schwert in der Hand. Schwer und stählern. Frau Tossilo bekam das nicht mit, sie sah weiter zu Kurmo hinauf. Der Schmallippige richtete die Schwertspitze auf Frau Tossilos Rücken. Den Blick aber hielt er auf den Drachen gerichtet.

»Solch ein Ding hier kennst du sicherlich mehr als gut«, murmelte er und trat noch näher an Frau Tossilo heran. Er hob das Schwert, als wolle er zum Schlag ausholen. »Nun mach schön Sitz!«

Erstens kann Kurmo ihn da draußen nicht hören, dachte Frau Tossilo, und zweitens würde er ja niemals auf so etwas Albernes hören.

Doch Kurmo saß bereits. Seine schönen dunklen Augen mit dem bernsteinfarbenen Strahlenkranz waren auf das Schwert gerichtet. Auf das Schwert, das auf seine Mutter zeigte.

»Brillant, Drache. Brillant!« Der Schmallippige flüsterte. »Und jetzt heb mal schön deinen Fuß!«

Kurmos Bein schnellte nach oben.

»Mach doch nicht, was dieser Trottel dir sagt!«, schrie Frau Tossilo wütend und verdutzt. »Schlag diesen Kasten ein, und dann weg hier!«

»Dass es so einfach werden würde«, lächelte der Schmallippige. Es stimmt, was Sarvas gesagt hat. Einmal geprägt, allzeit verwundbar. Ich sollte meine Zeit ja nicht mit solchen Spielchen verplempern, aber ich beginne gerade, Spaß daran zu finden. Also, wollen wir doch mal sehen, was du noch alles machst! »Siehst du diese Eisenringe im Felsen, Drache? Siehst du die Ketten davor?« Gehorsam wand Kurmo sich um. »Dorthin!«

Kurmo machte einen so abrupten Sprung von dem Glaskasten nach unten, dass sich die Muskeln seiner Oberschenkel krampfartig zusammenzogen. Der kleine Hohlraum am Ende seiner Wirbelsäule wurde dadurch ziemlich verengt, und Janka, die dort unter der Drachenhaut kauerte, wurde nun ordentlich gestaucht und gequetscht. Sie erwachte aus ihrer Schockstarre.

Mit aller Kraft stemmte sie ihre Beine gegen die Verengung und war erleichtert, als der Raum sich langsam wieder weitete. Die Kuhle wurde sogar noch etwas größer als zuvor. Janka rappelte sich zusammen und betastete das Schuppendach, das über ihr festgezurrt war. Ihre Finger fanden einen Ritz. Dort bohrte sie ihre Fingernägel hinein und versuchte, die Haut aufzuschieben. In diesem Moment ging wieder ein Ruck durch Kurmos Körper.

Hätte Janka gewusst, dass der Ruck von der grünen

Eisenkette kam, die Kurmo zwischen die Lippen genommen und über sich geschwungen hatte, hätte sie sicherlich laut gebrüllt. Aber sie konnte ja nichts sehen, dort, wo sie war. Beharrlich bohrte sie weiter und bekam tatsächlich den kleinen Finger zwischen die aufeinandergepressten Drachenhäute. Und dann noch einen Finger. Und noch einen. Schließlich entstand ein schmaler Spalt, goldene Lichtfächer fielen in Jankas Versteck, und sie konnte hinauslugen. Verschwommen sah sie einen gläsernen Kasten. Und in diesem Kasten stand Frau Tossilo, stand einem Mann gegenüber und war weißer im Gesicht denn je.

Was hielt der Mann denn da in der Hand? Ein Schwert? Janka schob die Drachenhäute noch weiter auseinander, um besser sehen zu können, und da sah sie die grüne Kette durch die Luft auf sie zurasen, machte im letzten Augenblick einen Rutscher zu einer Seite und spürte, wie das schwere Eisen auf Kurmos Rücken aufschlug.

»Nein!«, rief sie. »Nicht!« Nach außen drang nicht viel mehr als ein dumpfes Pusten. Kurmo hörte sie nicht. Er war wie hypnotisiert. Seine Schwanzspitze hielt die Eisenkette umklammert und wand sie ein ums andere Mal um sich selbst herum.

Janka musste nochmals ausweichen, um nicht zerdrückt zu werden.

»Kurmo«, rief sie, »was machst du denn da? Bist du jetzt völlig verrückt geworden?«

Plötzlich spürte sie wieder seinen Drachenschmerz, fühlte die Aufruhr in ihrem Herzen und die abgrundtiefe Angst um Frau Tossilo.

Es ist nicht meine Angst, dachte sie und merkte, wie allein dieser Gedanke ihr wieder Raum gab und sie stärker werden ließ. *Bleibe du stehen, sonst wird das Viele zu Nichts*, hallte es in ihrer Brust.

»Kurmo«, flüsterte sie in Gedanken. »Kurmo Silfur.«

Sie begann ein unsichtbares Band zu knüpfen. Von ihrem Herzen zum Herzen des Drachen.

»Hey, Kurmo.«

Janka wand das Band um Kurmos Schmerz und zog daran. Erst ganz sachte und dann immer stärker.

Sie riss an dem Schmerz. Sie flüsterte eindringlich und immer wieder den Namen, den Johann und sie dem Drachen gegeben hatten. Damals in einem anderen Leben, wie es ihr schien.

Sie wusste, dass Kurmo auf Frau Tossilo geprägt war, dass Frau Tossilo sein Herzensmensch war und dass ihm deshalb die Verzweiflung die Sinne vernebelte. Aber sie wusste auch, dass sie und ihr Bruder den Herzensnamen gefunden hatten.

»Kurmo Silfur!«

Da war der Wille des Schmallippigen und Kurmos blindes Befolgen, und da war Janka, die all ihre innere Kraft aufbrachte.

»Du darfst dich nicht selbst fesseln. Du musst frei bleiben. Wenn du deine Mutter befreien möchtest, musst du selbst frei bleiben.«

Plötzlich hielt Kurmo inne. Er sah sich um, als wäre er eben aus einem langen Schlaf erwacht. Seine Nüstern sogen Luft ein.

»Kämpfe, Kurmo, kämpfe!«, beschwor ihn Janka weiter. »Komm aus diesem Gewirr heraus.«

Nun schien er sie zu hören. Wirklich zu hören. Er packte mit der Schwanzspitze die Eisenketten und schob sie von sich hinunter. Wie Wasserschnüre ließ er sie von sich perlen. Er sah zwar Frau Tossilo, die von einem Mann bedroht wurde, aber das Bild schreckte ihn nicht mehr. Er spürte auf einmal eine neue Sicherheit in sich.

Mit einem leichten, ja, fast anmutigen Satz sprang er abermals auf das gläserne Gefängnis und öffnete sein Maul. Ein tiefgurgelnder Laut erklang, dann hell-eisiges Sirren. Weiße Flammen züngelten aus seinem Schlund. Er richtete das Feuer auf das Glas, wollte es zerschneiden. Es zischte, etwas verbrannte, es rauchte. Doch dem Glaskasten machte all dies nichts. Unversehrt stand er da, fest und unerweichlich. Plötzlich öffnete sich der Aufzug im Felsen, und Leute drängten heraus. Allesamt trugen sie grüne Schutzanzüge und hielten seltsame Stangen in der Hand. Im Nu hatten sie das Glashaus umzingelt und richteten ihre Stangen auf den Drachen. Jankas Herz gefror. Was waren das für Stangen? Konnten die etwa schießen? Lasergewehre? Drachentöter?

»Flieh!!!«, brüllte sie in Kurmos Herz. »Fliiieg!!!!« Die Verbindung zwischen Kurmo und Janka war nun kristallklar. Alles, was der eine fühlte, dachte und wünschte, wurde dem anderen im selben Moment bewusst. Ohne Verzögerung. Es gab kein Warten, kein Nachfragen, kein Zweifeln.

Kurmos mächtige Beine stießen sich ab. Er schoss empor. Es war schwierig, im engen Bergesinneren schnell nach oben zu kommen, aber weder Kurmo noch Janka kam es im Moment so vor.

Die Leute auf dem Felsplateau sahen nur noch einen Schweif aus Licht, der durch das rechteckige Stück Himmel entschwand. Auch Frau Tossilo sah es. Sie blieb alleine zurück.

39
Allein

Johann kletterte unterdessen verzweifelt über die Felsen. Er machte eine Pause, nahm einen Schluck aus seiner Wasserflasche. Er versuchte immer noch herauszufinden, was geschehen war. Und vor allem, was er jetzt tun sollte.

Das Letzte, was er von Kurmo gehört hatte, war »Lass dir ruhig Zeit« gewesen. Und dann? Dann hatte Johann den Bach gefunden. Er hatte sich gewaschen, hatte seine Flasche gefüllt und war wieder emporgeklettert. Dafür hatte er eine Weile gebraucht. Als er zu den Felsen kam, wo der Drache noch am Morgen gelegen hatte, war dort nichts mehr. Nur seine Sporttasche und Jankas Rucksack mit den

Brötchen, die standen immer noch an eine Fichte gelehnt, und das bleiche Geröll war durcheinandergewühlt.

»Kurmo?«, hatte Johann gebrüllt. »Janka?« Bloß ein leises Echo vom Berg gegenüber war als Antwort gekommen. Vielleicht, hatte er gedacht, vielleicht wollen sie mich ja ärgern, mir einen Schrecken einjagen. Aber schon bald hatte er diesen Gedanken verworfen.

»Jankaaaa?!!! Janka!!!« Er stieg in die Richtung, die seine Schwester eingeschlagen hatte, nachdem sie sich zum Wassersuchen getrennt hatten. Er stieß auf drei munter plätschernde Quellen, die sich zu einem Bach vereinten. Die musste Janka doch auch gefunden haben. Eine Dohle rief über ihm. Er sah zum Himmel. Die Sonne stand hoch und blendete. Er kletterte zurück zu dem Rucksack und seiner Tasche und holte sein Handy heraus. Es gab Empfang, schwach zwar, aber immerhin, und der Akku war auch noch halbvoll. Erleichtert atmete er auf. Er konnte sich Hilfe rufen. Aber wen eigentlich? Die Bergwacht? Würde die kommen und ihn mit einem Hubschrauber abholen? Würde die so lange suchen, bis sie Janka gefunden hätten? Dass hier auch noch ein Drache rumschwirrte, brauchte er ja nicht zu erzählen.

Johann steckte das Handy wieder weg. Nein, das war nicht das, was sich jetzt richtig anfühlte. Er beschloss, noch ein wenig zu warten. Zu warten und auszuhalten.

Da er aber beim Warten weder die Berge mit ihren zum Teil noch schneebedeckten Gipfeln, noch das Gestrüpp, noch die krummen Fichten anstarren wollte, sagte er zu sich selbst:

»Jo! Du hast, was du immer wolltest. Keine nervende Eltern, keine plappernde Janka, keinen störenden Irgendwer. Du hast Zeit ohne Ende und den absolut besten Rechner!«

Er holte seinen Laptop aus der Sporttasche, setzte sich an den Felsen und klappte das Gerät auf. Er checkte ein paar Foren, auf der Spieler sich austauschten, dann sah er wieder zum Himmel. Wie blöd, dass Baran über das verlängerte Wochenende mit seinen Eltern verreist war. Weder Handy noch Laptop hatte er da mitnehmen dürfen. Offline die ganze Zeit. Wie gerne hätte Johann jetzt mit jemandem Kontakt gehabt, den er wirklich kannte und dem er vertraute. Und sei es nur, um mit Baran zu chatten oder zu spielen. Aber eigentlich konnte er das doch auch alleine. Spielen jedenfalls. Dazu waren Spiele schließlich da.

Er entschied sich für *Dark Change*. Das Spiel war ab sechzehn, aber das störte Johann nicht. Wahrscheinlich bezog sich die Altersangabe auf die Waffen. Es gab so eine grobe Regel: Spiele mit Gewehren waren eher für die Älteren, Spiele mit Schwertern eher für die Jüngeren. Was doch eigentlich komisch war, denn ein Schwert zu benutzen war doch viel krasser, als sich in einer Riesenentfernung hinter einer Schusswaffe vom Feind fernzuhalten. Aber das hatte wahrscheinlich mit irgendeiner Gewaltprävention oder so zu tun.

Der Bildschirm war schwarz. Die schaurig-tiefen Töne der Anfangsmusik erklangen. Johann liebte diese Musik. Vielleicht war die Musik sogar das Beste an dem ganzen Spiel. Die pergamentfarbenen Buchstaben des *Dark Change*-Schriftzuges erschienen. Johann hatte sich einen drahtigen, aber muskulösen Körper mit Lederrüstung und dunklem Haar gewählt. Als Waffe eine GIG-Range mit neunhundertsiebzig Schuss und einen Munitionsgürtel zum dreimal Nachladen. Zu viel Munition machte ja zu schwer, zu wenig Munition verwundbar.

Jetzt ging es los. Er war auf Level vier. Als Erstes begegnete ihm eine Frau in einem langen schwarzen Kleid. Baran hatte ihm schon verraten, dass er der Frau nichts tun durfte, denn sie würde sich auf Level fünf noch als hilfreich erweisen. Auf Level acht würde er dann herausfinden, dass sie böse war, die Hauptfeindin schlechthin, aber das tat im Moment nichts zur Sache, außerdem konnte auf Level zwölf ja auch wieder herauskommen, dass sie nur böse war, um jemand Gutes zu schützen. Das war bei diesem Spiel so. Man konnte sich nie sicher sein, was wer im Schilde führte. Die Musik war im Moment ganz zart, eine feine Klarinettenmelodie, Janka würde das gefallen. Johann sah wieder auf. Natürlich war er immer noch allein, die Berge waren unverändert, und er konnte getrost weiterspielen. Tat er aber nicht. Er klappte den Laptop zu und stand auf.

Was, wenn sie nicht wiederkamen? Das einzige Beruhigende war, dass Kurmo *und* Janka weg waren, denn so bestand immerhin die Möglichkeit, dass die beiden zusammen waren. Und wenn Kurmo dabei war, konnte Janka ja eigentlich nicht so viel passieren. Vielleicht sollte er jetzt wieder weiterspielen, anstatt sich hier Sorgen zu machen. Sie würden schon wieder auftauchen. Verdammt, verdammt, verdammt. Wo war seine Schwester? Und er? Er war hier mitten in einem Gebirge, hoch oben, fernab von irgendeinem Weg, völlig allein. Johann biss sich auf die Zunge. Heul bloß nicht, sagte er sich und heulte los. Nicht laut und nicht bebend, aber die Tränen rannen ihm unaufhörlich übers Gesicht.

Was war das hier für eine Riesenscheiße. Er würde jetzt doch den Bergrettungsdienst anrufen. Nein.

Doch.

Nein.

Eine Stunde noch.

Ich warte noch eine Stunde.

Johann nahm Jankas Rucksack auf den Schoß, holte ein belegtes Brötchen heraus, sah es ratlos an. Dann klappte er den Laptop wieder auf, schloss *Dark Change* und klickte stattdessen das Spiel an, das er Kurmo und Janka gezeigt hatte.

Er hatte es tatsächlich geschafft, ein Parallelprogramm

zu dem Spiel zu schreiben. Wenn er die beiden Programme übereinanderlegte, konnte er bestimmte Dinge in dem Spiel verändern. Und so hatte er auch das gebaut, was er Eingang genannt hatte. Oben auf diesem violetten Berg. Eigentlich waren sie ja schon dabei gewesen, diesen Eingang zu benutzen. Janka hatte ihm Frau Tossilos Einhornfigur in den Schoß gelegt gehabt und dann …

»Johaaaaaaan!!!!!« Jankas Stimme raste durch die Felsenklüfte. »Johaaaaaaan!«

Er sah sich um, sah hinauf, sah nichts.

»Johaaaaaaan!!! Wo bist du?«

»Ich bin hier!«, brüllte er, noch immer unfähig, sie irgendwo zu entdecken. »Hier!«

Ein großer Schatten fiel über die Bäume. Im nächsten Augenblick stieß Kurmo auf Johann nieder, umschlang ihn, samt Tasche und Rucksack, mit dem Schwanz und riss ihn von den Füßen hoch in die Luft.

»Aaaarrrgaaaa!«, schrie Johann, dann saß er auch schon neben seiner Schwester in der Rückenkuhle.

»Was …?«

Die Drachenhaut wölbte sich über sie.

»Sei still«, zischte Janka, »ich muss mich konzentrieren.«

Nur für einen Moment war Johann erleichtert, aber dann ärgerte er sich. Da waren die beiden mir nichts, dir nichts verschwunden, hatten ihn in absoluter Einsamkeit zurückgelassen, und dann wurde er vom Boden gefetzt und sollte auch noch still sein. Am liebsten hätte er Janka den Ellbogen in die Seite gestoßen.

Jetzt erst spürte er, wie sie bebte, wie sie leise murmelte. Als ob sie ein Gebet sprechen würde. Irgendwann aber wurde sie ruhig. Ihr Atem ging wieder normal.

»Ich hab ihn wieder«, sagte sie schließlich.

»Wen?« Johann versuchte etwas Platz zwischen sich und Janka zu bekommen.

»Kurmo. Ich habe wieder Kontakt mit ihm. Wenn er mir entwischt, ist er blind vor Schmerz und ...« Sie verstummte und begann wieder mit dem seltsamen Gemurmel.

»Wo seid ihr denn gewesen?«, wollte Johann wissen, doch Janka beachtete ihn nicht mehr.

»Hey, Janka! Kannst du mich mal aufklären? Hallooo!? Schwester?!«

Gut, dann halt nicht, dann sah er eben hinaus. Durch den schmalen Spalt zwischen den Drachenhäuten zog eine von der Sonne beschienene Gebirgskette vorüber. Und am Horizont tauchte ein merkwürdiger Berg auf. Ihm schien die Spitze zu fehlen.

Völlig abrupt drehte Kurmo ab. Waghalsig wie eine Feuerseeschwalbe legte er sich in die Kurve.

»Geschafft!« Janka atmete auf.

»Ihr nervt mich so was von! Ich komm um vor Sorgen, und keiner erklärt mir, was los ist, und ...«

Janka beachtete Johanns Wut nicht, aber sie begann zu erzählen.

»Frau Tossilo ist dort hinten in dem Berg gefangen, und Kurmo war völlig von Sinnen. Wenn ich mich gut konzentriere, dann kann ich ihn abhalten, dorthin zu fliegen.«

»Aber ich dachte, genau deswegen sind wir unterwegs? Um dorthin zu fliegen und um Frau Tossilo abzuholen«, brummte Johann.

»Ja, aber da wollen sie ihn fangen, und Frau Tossilo ist in so einem Glaskasten eingesperrt, den selbst Kurmo nicht zerstören kann. Weder mit Schlägen noch mit Feuer. Wir brauchen einen Plan, sonst kassieren sie ihn ein. Und uns wohl oder übel gleich mit. Außerdem ist – o nein, o nein, o nein!«

Der Drache hatte wieder Kurs auf den abgebissenen Berg genommen.

Wie ferngesteuert raste er ihm entgegen. Aber Janka hatte jetzt schon etwas Übung und brachte ihn dazu, nicht hineinzufliegen, sondern außerhalb auf einem Felsvorsprung zu landen.

Sie kletterte hinaus und glitt an Kurmos Flanke hinunter. Kalter Wind pfiff ihr ins Gesicht. Mit dem Rücken zur Bergwand tastete Janka sich seitlich, Schritt für Schritt zu Kurmos Kopf.

Johann wollte ebenfalls aus der Kuhle hinausklettern, doch als er bemerkte, wie schmal der Felsvorsprung war und wie gähnend der Abhang, blieb er doch lieber an seinem Platz.

»Jetzt pass mal gut auf«, sagte Janka streng und sah dem

Drachen tief in die Augen. »Ich weiß, du kannst nichts dafür, aber so kommen wir nicht weiter! Wie willst du Frau Tossilo da rausholen?«

»Janka!«, brüllte Johann. »Komm sofort wieder rein! Dort hinten schwärmen Drohnen aus!«

Ehe Janka sich versah, hatte Kurmo sie schon umschlungen und in die Kuhle zurückbefördert und das Dach über die Kinder gerollt.

»Flieg los, Kurmo! Ich werde dir helfen«, rief Johann.

»Wie denn?«, wollte Janka wissen. Und zu Kurmo: »Mach auf keinen Fall, was die Typen dir befehlen. Egal, wie schlimm sie Frau Tossilo bedrohen!«

Kurmo nickte, dass die Kuhle schaukelte, dann schnaubte er kräftig und hob ab. Wenige Minuten später waren sie im Inneren des Berges verschwunden.

40
Vereinte Kraft

Der Drache flog in engen Schrauben abwärts.

Johanns Magen verwandelte sich in eine beißende Kralle.

»Kann man die Haut ein bisschen weiter aufmachen? Ich brauche unbedingt frische Luft, sonst kotz ich uns hier die ganze Kabine voll!«, stöhnte er.

»Jo, reiß dich zusammen! Frisch ist die Luft in diesem Berg sowieso nicht, und wenn ich den Spalt noch vergrößere, dann sieht man uns vielleicht!«, schimpfte Janka.

Ein Stoß von unten ließ sie verstummen. Ihre Köpfe wurden gegen das festgezurrte Drachendach gedrückt. Kurmo war gelandet.

Johann schluckte sein Würgen hinunter. Er schob seine Hand durch den Hautspalt, zerrte ihn etwas breiter, sog Luft ein und spähte hinaus.

Wow! Was war das denn hier für eine Location! Projiziertes Algenwasser, das an steilen Felswänden entlangrann, simulierte Sonnenstrahlen trafen auf einen schiefergrauen Boden und ein schimmernder Kristallwürfel in der Mitte des Plateaus. War das etwa ein riesiger Bildschirm? Nein, das war wohl der Glaskasten, von dem Janka erzählt hatte. Die Scheiben leicht beschlagen. Da kauerte ja auch Frau Tossilo auf einem Bett. Klein, reglos und zerbrechlich sah sie in ihre Richtung. Jetzt entdeckte Johann den Mann, der mit dem Rücken an der hinteren Scheibe lehnte. Er hatte ein weißes flaches Gerät in der Hand, und die schmalen Lippen zu einem überlegenen Lächeln verzogen. Und dort im Schatten der Wand? Leute, grün wie die Felsen, mit Schutzanzügen, Helmen und Stangenwaffen.

»Sei gegrüßt, Kurmo«, sagte plötzlich eine fremdartige Sing-Sang-Stimme. Ganz nahe klang sie.

»Hast du das gehört?«, flüsterte Janka beklommen, »woher kennen die seinen Namen?«

Johann ließ seine Augen wandern, versuchte den Mann, der da zu Kurmo sprach, ausfindig zu machen.

»Ich heiße dich willkommen, Kurmo. Siehst du? Deiner Mutter fehlt nichts. Das mit dem Schwert vorhin wird nicht mehr vorkommen. Das verspreche ich dir!«

Johann wusste, dass es dumm war, den Spalt noch zu vergrößern, aber er brauchte unbedingt mehr Überblick.

»Siehst du was?«, flüsterte Janka.

»Mein Name ist Sarvas«, vernahmen sie wieder die fremde Stimme. »Ich bin ein Sherpa und ein Freund der Drachen. Du hast einen langen Flug hinter dir. Hast du Hunger?«

Kurmo bog seinen Hals.

Jetzt entdeckte Johann einen zierlichen Mann, der direkt vor Kurmos Nüstern stand und dem Drachen seine Hand entgegenhielt. Um seinen sehnigen Hals trug er ein Medaillon, in dem ein grüner Edelstein funkelte. Er machte eine einladende Bewegung mit der Hand. »Setz dich doch, Drache.«

Kurmo ließ sich sofort auf den Hinterbeinen nieder. Die Kuhlenkabine geriet in eine starke Schieflage. Der Mann entschwand aus Johanns Sichtfeld.

»Verdammt!«, murmelte Johann. »Macht er jetzt doch wieder, was die von ihm wollen?«

»Nein«, antwortete Janka. »Nein, ich spüre ihn noch klar und deutlich.«

»Darf ich dich berühren?«, kam es von dem Mann.

Kurmo reckte ihm den Kopf entgegen.

»So, siehst du, wir verstehen uns.«

Dieser Mistkerl, dachte Janka. Er soll seine schmierigen Pfoten bei sich lassen, doch Johann kicherte anerkennend.

»Gut so, Kurmo. Wickel den Typen um den Finger. Verschaff mir Zeit. Kannst du irgendwie rutschen, Janka?«

»Ich lasse dir so etwas wie Burtelsur kommen«, sagte der zierliche Mann nun. »Möchtest du dich vielleicht so lange hinlegen?«

Schon sank Kurmo nach unten.

»Du kannst gleich in Ruhe etwas zu dir nehmen, und dann darfst du zu deiner Mutter.«

Hätte Johann jetzt immer noch hinausgesehen, hätte er Sarvas wieder im Blickfeld gehabt und auch Frau Tossilo, die sich zitternd und bleich an das Bettgestell klammerte. Aber er sah nicht hinaus, er presste sich gegen das Drachendach, den Laptop geöffnet. Wie aufgescheuchte Vögel flatterten seine Finger über die Tastatur. Er durfte sich auf keinen Fall verschreiben. Er durfte keinen Fehler machen.

»Kurmo«, murmelte Johann. »Beweg dich nicht mehr. Ich brauche genau diese Position.«

Der Aufzug in der Felswand öffnete sich. Ein metallischer Wagen glitt selbstgesteuert heraus. Auf ihm waren weißgrünglitzernde Pflanzen aufgeschichtet.

Kurmo tat, als interessiere ihn die Kost, rührte sich aber nicht vom Fleck.

Johann hielt den Laptop an den Spalt der Kuhle. Er zielte auf Frau Tossilo, die immer noch auf dem Bett kauerte. Dann holte er Luft und drückte auf *Enter*.

Es knallte. Die Luft im Glaskasten kam durcheinander. Frau Tossilo befand sich nicht mehr neben dem Bett, sondern näher an der Glaswand, neben dem Gummibaum. Der Schmallippige sprang zurück. In seinen Augen blitzte Entsetzen. Seine Lippen formten Worte. Vielleicht Wa-wa-was? oder Wo-wo-wohin? Oder etwas Ähnliches. Dann donnerte es abermals, und seine Gefangene entschwand seinem Blick. Im selben Moment tauchte sie wieder auf. Direkt neben ihm. Doch diesmal außerhalb des Glaskastens.

Der Schmallippige starrte Frau Tossilo an, unfähig, irgendetwas zu tun. Er sah, wie der riesige Drachenschwanz durch die Luft wirbelte, sie umschlang und auf seinen Rücken setzte. Aber er konnte sich nicht rühren. Er schaffte es nicht einmal, seinen Leuten das Zeichen für Sofortzugriff zu geben.

Sherpa Sarvas war jedoch nicht so verwirrt und auch nicht so zögerlich. Er spurtete auf den Drachen zu und riss etwas aus seiner Jackentasche. Etwas, das so ähnlich aussah wie eine verschlungene Kupferpistole. Schon zerriss ein Schuss die Luft.

Nein, kein Schuss. Es war Kurmos Schwanz, der peitschengleich um Sarvas' Hand schnellte und das Kupferding an den Rand des Plateaus schleuderte.

Sarvas eilte hinterher, doch Kurmo spie einen Flammenzaun zwischen ihn und die Waffe. Es knallte erneut, und der zierliche Mann löste sich in Nichts auf.

»Sarvas! Was machen Sie hier drin?«, stieß der Schmallippige hervor. »Wie sind Sie hier reingekommen? Was macht die Frau da draußen? Was in Teufels Namen ist hier los?«

»Serrr… arrr… sagg, sagg?«, stotterte Sarvas und sah auf sein anschwellendes Handgelenk.

Der Schmallippige stürmte zur Tür. Bevor jemand von seinen Leuten die elektronische Verriegelung öffnen konnte, musste er jedoch mit ansehen, wie der Drache Frau Tossilo zwischen zwei riesige Rückenzacken klemmte, seinen mächtigen Körper senkrecht stellte und nach oben entschwand.

Johann verlor seine Position. Er wurde gegen Janka gedrückt, rappelte sich wieder auf, und sie spähten gemeinsam hinaus.

Bitte nicht noch mal diese Kurven, flehte er innerlich, als ein Strahl aus einer der Stangenwaffen hervorschoss. Kurmo heulte auf. Sein fast durchsichtiger Tentakelflügel war getroffen, flatterte im Flugwind hin und her. Ein weiterer Strahl aus einer anderen Stange. Der Drache kam aus dem Gleichgewicht. Er raste einer Bergwand entgegen, doch im letzten Augenblick riss er sich herum, drehte ab und konnte auf einem Felsvorsprung landen. Wütend peilte er nach unten, blähte die Nüstern und stieß seinen heißen Drachenatem aus. Eine Sekunde später umhüllte dichter grauer Qualm die grünen Gestalten. Die Helme schützten zwar ihre Atemwege, aber sie sahen nichts mehr.

Gar nichts mehr. Weder den Drachen noch den Nebenmann.

»Flieg!«, schrie Janka durch den engen Spalt. »Sieh nicht mehr nach unten, Kurmo, flieg weiter!«

Der Drache stieß sich ab und gewann wieder an Geschwindigkeit. Höher und höher schraubte er sich und hielt auf das rechteckige Stück Himmel zu.

Frau Tossilo hatte sich tief zwischen die Zacken geduckt, um sich vor dem Flugwind zu schützen.

Sie sahen es nicht kommen. Das Labyrinth aus Starkstromschranken. Kurmo wurde aus der Flugbahn gerissen. Er schrie auf. Sein Inneres krampfte sich zusammen, und ein wildes Zucken durchfuhr ihn. Er taumelte, strudelte. Die Himmelsöffnung rückte in die Ferne.

Kurmo fiel. Fiel und fiel, schnell und brausend, hinein in den Qualm, dem Boden entgegen. Mit einem dumpfen Schlag schlug sein schwerer Körper auf.

Dann herrschte Stille. Langsam lichtete sich der Rauch. Niemand rührte sich. Weder Janka noch Johann in der Drachenkuhle. Noch Frau Tossilo, die vom Rücken gerutscht war und unter einem nach oben verrenkten Flügel am Boden lag.

Auch die grüne Stangenarmee bewegte sich nicht und auch nicht die beiden Männer, die mittlerweile aus dem Glaskasten befreit worden waren. Alle starrten auf den riesigen verdrehten Drachenkörper, von dem keine Bewegung mehr ausging.

Mit einem Mal schien es viel dunkler im Berg zu sein, als hätte jemand allem Licht die Kraft genommen.

Kurmo glitt über das Feld, die Sonne über ihm und auch die Sterne funkelten ihm zu. Alles war hell und licht und weiß, hinter sich hörte er noch Klirren, Fletschen, Dröhnen, metallischer Geschmack auf der Zunge.
Der Sog war stark. Lass los, lass los. Leicht werden, keine Mühen mehr, getragen sein, geborgen, keinen Hass, keine Zeit und auch alles andere ...
»Kurmo.« Jankas warme Stimme.
Eintauchen. Grüne Gasspiralen, Dunkelheit.
»Nein!« Johanns Flüstern.
Bleiben. Er wollte bleiben. Bei den Kindern. Bei der Frau. Bei den Menschen, die ihm alles bedeutet hatten in jenem kurzen Leben im Hochhaus.
Er könnte das vollbringen, wovon die Alten gesprochen hatten. Das Abstreifen, das Abwerfen, das Stehenlassen. Jedem Drachen war es einmal vergönnt. Ein einziges Mal.
Aber konnte er dabei auch die Menschen mit sich nehmen? Würde seine Drachenkraft auch für sie reichen?
»Kurmo.« Diesmal war es das stille Schluchzen von Frau Tossilo.
Er musste es einfach versuchen. Er würde sie von innen platzen lassen. Atem. Mehr Atem. Luft hinein in jede Zelle. Die Haut spannte sich. Nicht ausatmen. Die Spannung wurde stärker, wurde unerträglich ...

Kein Geräusch, keine von außen sichtbare Bewegung war zu sehen, als der Drache seine Haut durchstreifte. Leicht und leise glitt er aus ihr hinaus, Nebelschwaden gleich und doch mit allem, was ihn ausmachte.

Der Nebel hatte Janka, Johann und Frau Tossilo umhüllt. Er ließ auch sie dunstig werden. Und wie ein Hauch schwebten sie empor.

Je höher sie stiegen, umso mehr nahmen sie wieder ihre Gestalt an. Nur die Schuppenhaut bekam Kurmo nicht wieder hin. Anstatt ihrer umfing eine dünne, an manchen Stellen sogar durchscheinende Gaze seinen Körper.

Der Schmallippige und all die Leute der Drachentöterarmee hatten nichts von alledem gesehen. Nur Sherpa Sarvas spürte ein Loch in sich drin und einen Schwindel im Kopf und eine Erinnerung, wie er sich als kleiner Junge an einem Himbeerstrauch die Wange blutig gerissen hatte. Er konnte nicht fassen, dass der Drache tot war. Sie waren doch unsterblich, diese Geschöpfe, das hatte er jedenfalls immer geglaubt.

Die Männer starrten immer noch reglos auf Kurmos Hülle. Auf die alte Drachenhaut, als hätte sie noch etwas mit ihm zu tun, ja, als sei dies er. Sie bemerkten nicht, dass er woanders war. Sie sahen nicht, wie er sich nach oben schraubte und höher und höher stieg. Sie sahen nichts, weil sie es nicht für möglich hielten.

Einen letzten Blick warf Kurmo zurück auf den silbergrau schimmernden Schuppenmantel, der eben noch zu ihm gehört hatte.

»Halt an!«, rief Janka gerade noch rechtzeitig.

»Warte, ich helfe dir!«, rief Johann. Wie ein riesiges hungriges Insekt sirrte über ihnen das Starkstromlabyrinth. Kurmo hielt inne. Er stand in der Luft. Johann drückte auf *Enter*.

Der laute Knall riss die Männer unten am Boden aus ihrem Auf-den-toten-Drachen-Starren heraus.

»Da, da oben! Was i-ist das?«, stieß der Schmallippige hervor.

»Ein zweiter Drache! Ein zweiter Drache kommt!«, schrie einer aus der Drachentöterarmee, und seine Kombattanten umfassten ihre Stangen sogleich fester.

»Aber das kann nicht ...«, flüsterte Sherpa Sarvas. Er trat an Kurmos alte Haut heran. Mit den Fingerspitzen berührte er die silbrigen Schuppen. Die Haut sank in sich zusammen.

»Das ist er, das ist ja er!«, brüllte der Schmallippige. »Das Vieh hat uns ausgetrickst. Das hier ist nur eine leere Hülle. Glotzt nicht so nach oben! Schießt!«

Gleißende Strahlen jagten hinauf.

Aber Kurmo war schon aus dem Berg. Pfeilschnell schoss er dem Himmel entgegen, weg von dem abgebissenen Berg.

»Peilpulver!«, brüllte der Schmallippige. »Peilpulver aktivieren!«

Eine Wolke stob aus dem Berg hervor. Tausende silbrige Staubteilchen wurden aus dem Inneren des Berges emporgeschleudert und folgten dem Drachen. Er merkte es gar nicht, denn er zischte wie ein Komet davon.

Das Peilpulver rieselte leise und kläglich zurück, hinein in den Schlund des Berges.

Sie waren entkommen.

41
Geschafft

Der Himmel war schon dämmerblau. Niemand war ihnen gefolgt. Kurmo landete auf einer kleinen Buchenwaldlichtung. Er hielt seinen Schwanz wie einen Skorpionstachel über den Rücken gebogen, wand sich zwischen den glatten Stämmen hindurch und rannte tiefer in den Wald hinein.

Die Buchen trugen bereits junge grüne Blätter und schützten alles vor unerwünschten Blicken von oben, was auf ihren alten braunen Blättern am Waldboden entlangrannte oder -kroch.

Als ein bemooster Felshang ihm den Weg versperrte, blieb Kurmo stehen und sah sich um. Witternd hielt er die

Nüstern in die Abendluft. Frisch und würzig. Hier riecht es nach Frieden, dachte er. Trotzdem schleppte er sich weiter, immer im Schatten der Felswand. Nach einer Weile spaltete sich die Wand, und eine Höhle tat sich auf. Kurmo bemerkte den Unterschlupf zwar noch, schaffte es aber nicht mehr hinein. Völlig erschöpft sank er auf den Waldboden und fiel in einen totengleichen Schlaf.

Frau Tossilo wand sich aus der Zackenklammer heraus und glitt an Kurmo seitlich nach unten. Janka und Johann begannen, vorsichtig an der dünnen Haut über ihrer Kuhle zu ziehen. Sie glich jetzt eher der eines Elefanten als der eines Drachen, und sie ließ sich ziemlich leicht aufschieben. Das war allerdings das Einzige, was im Moment leicht ging. Ihre Arme und Beine waren steif. Völlig zittrig rutschten sie auf dem Drachenschwanz hinunter auf den Waldboden. Mit eingeschlafenen Füßen gingen sie auf Frau Tossilo zu, die ihnen entgegenwankte.

»Orrr«, hauchte Frau Tossilo, breitete ihre Arme aus und drückte die Kinder an sich. Lange sagten sie nichts, aber irgendwann brachte Johann hervor:

»Sind wir eigentlich alle noch lebendig?«

»Ich denke schon«, sagte Frau Tossilo und ließ die beiden los. Sie lächelte etwas schief. Dann torkelten sie zusammen durch das trockene Laub nach vorne zu Kurmos Kopf und ließen sich dort nieder. Frau Tossilo legte ihre Hand auf seine heiße Stirn. Ein kaum vernehmliches Schnarchen drang aus seinen Nüstern.

Janka begann, zärtlich über seine Wangen zu streicheln, und Johann sah den Drachen ehrfurchtsvoll an.

»Wie hat er das nur gemacht!«, murmelte Frau Tossilo voller Wärme und schüttelte dabei ungläubig den Kopf.

»Ja«, sagte Johann nur, und Janka lächelte.

»Ob seine Haut wohl wieder richtig nachwächst?«, flüsterte Frau Tossilo.

Aber Janka hatte jetzt keine Kraft mehr, irgendwelche Vermutungen anzustellen. Sie waren gerettet! Sie waren heil und ganz, und alles andere war jetzt erst einmal egal.

»Wer ist für eine Runde Bewegung zu haben?«, rief sie, sprang auf und schwang die steifen Arme durch die Luft und schüttelte sich. Sie machte eine Vorwärtsbeuge und eine ganze Reihe von anderen Dehnübungen, dass die trockenen Blätter nur so knisterten.

Frau Tossilo kam auf die Füße und versuchte sich im Schütteln.

»Da wird alles gleich besser, oder?«, rief Janka und grinste.

»Nun ja«, meinte Frau Tossilo, die die Besserung noch nicht so ganz spürte.

»Aber etwas fehlt noch.« Janka flitzte zu Kurmos Schwanzspitze. Behutsam balancierte sie in Richtung Rücken hinauf und zog sich an den Zacken voran bis zur Kuhle.

»Was denn?«, wollte Johann wissen, der gerade seine steifen Schultern kurbelte, »schlafen, oder was?«

»Nein«, lachte Janka von oben, »und ganz bestimmt nicht in dieser engen Koje. Aber für was, bitte, habe ich uns Proviant mitgenommen, wenn wir dann nichts anrühren? Wir überleben doch nicht, um dann an Hunger zu sterben.«

Mit einem dumpfen Plumpsen landete ihr Rucksack neben Johann und Frau Tossilo im Laub.

»Soll ich dir dein Grundnahrungsmittel auch mit runterbringen, Jo?«, fragte sie und hielt kichernd den Laptop in die Höhe.

»Meinetwegen«, antwortete Johann leicht abwesend. Keine Minute später war Janka wieder bei ihnen, kramte in ihrem Rucksack und reichte Brötchen und die Wasserflasche herum. Sie setzten sich.

»Danke.« Frau Tossilo biss sofort herzhaft zu.

»Ich hoffe, es schmeckt Ihnen«, meinte Janka schmatzend.

»Sehr«, sagte Frau Tossilo und stopfte sich ein weiteres Brötchen in den Mund.

Eine Weile sprachen sie nicht mehr. Sie saßen nur da, kauten und spürten, wie sie sich langsam erholten. Eine zufriedene Stille breitete sich zwischen ihnen aus. Nur die leisen Bewegungen von Ameisen und anderen Insekten und das ferne Zwitschern einer Amsel waren zu hören.

»War euch eigentlich auch so heiß?«, unterbrach Johann irgendwann das Schweigen.

»Wie, wann, heiß?«, fragte Janka.

»Na, nach unserem Absturz. Ich dachte, wir wären tot. Aber dann wurde mir so heiß. Passte gar nicht zum Totsein. Und als ich glaubte, ich hielte die Hitze nicht mehr aus, habe ich Musik gehört, so eine Art Singen. So ähnlich wie du und Mama und Papa singen, wenn ich Geburtstag habe.«

»Also, schön jetzt, oder eher nicht so schön?«, wollte Janka wissen.

»Im Klang vielleicht nicht so schön, dafür umso schöner im Gefühl.« Johann sah schnell auf seine Füße.

»Wolke«, sagte Frau Tossilo jetzt. »Ich war eine Wolke. Eine bauschig-dicke an einem heißen, blauen Sommertag.«

Janka musste lachen. Sie pustete sich eine Mücke vom Handrücken.

»Ich habe auch Töne gehört«, begann nun sie zu erzählen, und ihre Augen leuchteten dabei. »Kein Singen, eher ein Streichorchester, bei dem jeder immer nur kurz sein Instrument spielt. Als sei jeder Strich unendlich kostbar, jeder Ton eine ganze Welt. Und ich bin irgendwie von diesen Tönen getragen worden.«

»Hm«, machte Johann. »Hört sich cool an.«

Die Dunkelheit kroch jetzt durch die Baumkronen, senkte sich herunter, und für ein paar Minuten hing jeder seinen Gedanken nach.

»Aber wie hat Kurmo das eigentlich gemacht?«, begann Johann wieder. »Ich kann mir nicht erklären, wie er …«

»Wir fragen ihn einfach, wenn er aufwacht«, schlug Janka vor.

Und genau in diesem Augenblick machte der Drache die Augen auf. Etwas benommen hob er den Kopf und ließ den Blick durch die schwarzen Baumstämme schweifen. Völlig unvermittelt stand er auf. Seine schuppenlose Haut spannte über seinen Muskeln. Er schnaubte, dann trottete er, ohne sich noch einmal umzudrehen, in die Höhle hinein. Janka, Johann und Frau Tossilo folgten ihm wortlos. Sie konnten ja kaum mehr etwas sehen und wollten auf keinen Fall hier draußen alleine bleiben.

In der Höhle war es stockfinster. Es roch nach kaltem Stein und Laub. Frau Tossilo stolperte. Beinahe wäre sie gefallen, aber Johann hielt sie gerade noch fest.

Im hinteren Teil der Höhle angekommen, fegte Kurmo mit seinem Schwanz trockene Blätter zusammen und ließ sich darauf nieder. Frau Tossilo und die Kinder setzten sich dicht zu ihm. Kurmo hob seinen Schwanz und legte ihn wie einen Schutzwall um seine Menschen. Leise blies er Atem aus. Dann war er auch schon wieder eingeschlummert.

»Fast gemütlich hier«, stellte Frau Tossilo fest.

»Ja, aber fragen, wie er das gemacht hat, können wir ihn jetzt wieder nicht«, brummte Johann.

»Morgen ist doch auch noch ein Tag«, meinte Frau Tossilo. »Außerdem würde mich ja auch noch interessieren, wie ihr mich überhaupt gefunden habt?«

»Wir nicht«, begann Janka. »Kurmo hat Sie gefunden. Wir sind ja nur mitgekommen, damit ihm nichts passiert.« Und dann erzählte sie, wie sie in Frau Tossilos Wohnzimmer gewartet hatten und wie Kurmo plötzlich wie von Sinnen gewesen war. Wie der starke Prägungszug ihm jeglichen Verstand geraubt hatte und sie des Nachts losgeflogen waren.

Frau Tossilo hörte still zu. Sie hielt ein trockenes Blatt zwischen den Fingern und drehte es am Stiel herum. Aber als Janka zu der Stelle gekommen war, wo sie nach der Zwischenlandung im Gebirge Kurmo am Schwanz hatte festhalten wollen und beinahe an die Felsen geknallt war und Johann alleine zurückgeblieben war, rief sie: »Du liebe Güte! Das darf ich mir gar nicht ausmalen.«

Janka kramte einen Kerzenstummel aus ihrem Rucksack hervor. Sie zündete ihn an, tropfte Wachs auf einen Felsen und klebte den Stummel hinein. Die Flamme war nicht groß, aber sie verlieh der Höhle etwas Warmes und Beruhigendes.

Frau Tossilo sah in den Schein, und dann begann auch sie zu erzählen.

Wie sie auf dem Supermarktplatz plötzlich von den Männern überrascht worden war. Sie erzählte von der Autofahrt und dem Hubschrauber mit der merkwürdigen Frau. Sie erzählte vom Black-West-Campusgelände und von dem zierlichen Mann. Dass er mit ihr im Mexikohotel gewohnt hatte und ihm wohl der Koffer gehörte. Sie erzählte, dass er sie über Drachen hatte ausfragen wollen und ...

»Aber was wollte Black West nun eigentlich mit Kurmo?«, unterbrach Johann sie plötzlich. »Weshalb sind die so dermaßen scharf auf ihn?«

»Sie wollen seine Liebe haben!«, sagte Frau Tossilo.

Johann fuhr sich durchs Haar.

»Hä?«

»Sie wollen aus seiner Liebe Strom herstellen!«

Janka und Johann sahen sich an. War Frau Tossilo ihr Dicker-Wolken-Zustand wohl nicht ganz bekommen?

»Ich weiß nicht, ob ihr im Biologieunterricht schon einmal etwas über Gehirne gelernt habt«, holte Frau Tossilo jetzt aus. »Ein Gehirn ist so aufgebaut wie ein kleines Dorf. Es gibt einen Marktplatz, einen Kindergarten, eine Schule und Straßen, die alles vernetzen. Und natürlich Luft, die auch alles verbindet. Der Platz für logisches Denken ist in diesem Dorf hier vorne«, sie klopfte sich mit den Fingerkuppen an die Stirn. »Und der für Schmerzverarbeitung hier.« Sie klopfte weiter hinten. »Und ob ihr es glaubt oder nicht, es gibt auch einen Platz für die Liebe.«

Janka sah auf. Sie hielt eine der verletzten Tentakel in ihrer Hand und pustete behutsam darauf.

»Wenn ein Geschöpf liebt, dann sind in seinem Gehirn bestimmte Bereiche aktiviert. Black West International will Kurmos Liebe aktivieren und sie dann in elektrische Energie umwandeln«, erklärte Frau Tossilo.

»Was?« Janka sprang auf.

»Um an seine Liebe heranzukommen, wollen sie Kurmo Elektroden in den Kopf pflanzen. Die Dinger können dann die Liebesbereiche dauerhaft aktiv halten. Und dann werden irgendwelche Wellen pausenlos gesendet, und daraus wollen sie Strom herstellen.«

Janka konnte es nicht länger ertragen. Sie stieg über Kurmos Schwanz hinweg und machte ein paar Schritte durch die Höhle. Mit den Fingern fuhr sie über die kalte buckelige Höhlenwand. Wie konnte man sich denn bitte so etwas ausdenken? Ein Drache war doch etwas Lebendiges. Etwas Ganzes. Da konnte man doch nicht einfach auf einen Knopf drücken und, *wusch!*, her mit der Liebe.

»Ich glaube nicht, dass die Methode klappt«, überlegte sie. »Jedenfalls nicht lange. Vielleicht kann man ein Gehirn ja anschalten, aber doch bestimmt nicht die Seele. Auch wenn das natürlich alles zusammenhängt oder ineinander verwoben ist oder was auch immer, keine Ahnung. Auf jeden Fall bin ich mir sicher, dass Kurmo einfach sterben würde, wenn man tagtäglich sein Gehirn anzapft.«

Da hoben sich Kurmos Lider von seinen dunklen Augen. Er sah Janka an, und seine Augen glänzten. Dann wandte er sich Frau Tossilo und Johann zu. Er sah von einem zum anderen und wieder zurück. Die Kerze war am Verlöschen. Aber es war noch hell genug, um seinen warmen Blick wahrnehmen zu können.

»Du liebe Güte, Kurmo, sieh uns nicht so an mit deinen

Herzensaugen, da wird einem ja ganz anders«, flüsterte Frau Tossilo. Aber eigentlich meinte sie: Janka hat recht! Du hast mich gefunden mit deinem ganzen Wesen. Ich bin so froh. Sieh mich immer wieder so an. Mit diesem Glanz. Und sieh Janka so an. Und Johann. Uns alle zusammen.

Aber auch wenn sie es nicht sagte, Kurmo verstand sie. Er wusste, dass Frau Tossilo solche Worte nie von sich geben würde. Dass es einfach nicht ihre Art war.

Die Kerze erlosch. Schnell tastete sich Janka zurück in das Drachennest.

»Wann fliegen wir morgen eigentlich weiter?«, fragte Johann.

»Hier ist es doch schön«, seufzte Kurmo erschöpft, »bleiben wir doch einfach noch eine Weile hier, jedenfalls so lange, bis ich wieder bei Kräften bin.«

»Aber wenn sie uns hier finden?«, fragte Frau Tossilo. »Vielleicht sollten wir doch besser …«

»Keine Angst. Sie finden uns nicht«, murmelte der Drache. »Hier ist nur Wildnis, und nichts und niemand ist uns gefolgt. Darauf habe ich genau geachtet. Und jetzt schlaft. Auch ihr müsst furchtbar müde sein.«

Ja, das waren sie. Unendlich müde. Sie sagten sich Gute Nacht und kuschelten sich eng aneinander. Es war so finster, wie es in der Stadt nie wurde. So finster, wie man es selten erlebt. Aber keiner der vier fürchtete sich in der fremden Umgebung. Der Schlaf kam schnell und sacht und deckte sie zu, als wäre er eine große warme Decke.

42
In einer neuen Welt

Johann wurde von einem milden Windstoß, der durch die Höhle fuhr, geweckt. Quer über seiner Brust lag Jankas Arm. Und auf dem Arm Frau Tossilos Fuß und obendrauf noch ein Gewirr aus Kurmos Tentakeln. Er wühlte sich darunter hervor, stieg über den Drachenschwanz hinweg, kam in den Stand und streckte sich.

Als hätte diese Bewegung dem Magen verraten, dass Johann nun endlich wach war, begann der Magen zu knurren, als müsste er sich gegen ein Wolfsrudel verteidigen.

In Jankas Rucksack fand Johann eine einsame Käsescheibe. Neben einem ausgeleierten Haargummi. Nicht unbedingt ein üppiges Frühstück. Er schlurfte aus der

Höhle hinaus. Vielleicht hatte ja hier zufällig über Nacht eine Baumhausbäckerei eröffnet, die jetzt auf den ersten Kunden wartete.

Johann musste blinzeln. Das helle Morgenlicht fiel nur in Flocken durch die Buchenblätter, aber es stach ihn trotzdem in den Augen. Sein Magen knurrte wieder. Also gut, dachte Johann, keine Bäckerei, aber vielleicht finde ich ja wirklich irgendwas, was man essen kann. Er stapfte los. Früher hatten die Menschen doch auch in Wäldern gelebt. Was hatten die denn gegessen? Hasen? Wurzeln, Pilze, Beeren? Aber jetzt war Frühling, und die Früchte waren noch lange nicht reif.

Ein umgestürzter Baumriese versperrte ihm den Weg. Er wechselte die Richtung und kletterte eine Böschung hinunter, bis ihn ein knackendes Geräusch innehalten ließ. Durch die Äste über ihm sprang ein rotbraunes Eichhörnchen und lugte keck zu ihm herunter. Dann entschwand es wieder in den Wipfeln.

»Weißt du, wo es hier was zu essen gibt?«, rief ihm Johann hinterher und lächelte.

Er rutschte weiter abwärts. Unten angekommen, wanderte er über sandigen, mit flachen Steinen durchsetzten Boden. Buchen wuchsen hier keine mehr, aber andere Bäume, dünnere und kleinere. Mehr Gestrüpp als Baum. Johann kannte ihre Namen nicht.

Er kam an einen Bach, und sein Herz machte einen Hüpfer. Vielleicht könnte ich ja einen Fisch fangen, dachte er und trat an das Wasser heran. Schnell fließend wand es sich unter herabhängenden Zweigen hindurch. Die Sonne ließ es glitzern und malte auf den steinigen Grund lustige Schattenspiele.

Johann zog sich die Schuhe und Strümpfe aus, setzte sich ans Ufer und tauchte die rechte große Zehe ins Wasser. Autsch! Er zuckte zurück. Das Wasser war ja eisig. Aber dann versuchte er es noch einmal, überwand sich und hielt schließlich beide Füße in die gurgelnde Strömung. Luftbläschen zerplatzten an seinen Knöcheln.

Nachdem der erste Kälteschmerz verklungen war, fühlte es sich schön an. Einfach nur zu sitzen und das Sprudeln auf der Haut zu spüren. Für einen Moment vergaß Johann sogar seinen Hunger und den Fisch, den er hatte fangen wollen. Er krempelte die Hose höher, hielt sich an einem dicken Büschel Ufergras fest und stieg in den Bach hinein. Flache Steine und Sand begrüßten seine Fußsohlen. Er wagte ein paar Schritte, formte mit den Händen eine Schale und wusch sich das Gesicht. »Brrr«, war das kalt. Dafür war er aber jetzt wirklich wach, und hinaus musste er auch langsam wieder. Seine Füße waren schon ganz rot. Außerdem hatte er den anderen ja gar nicht gesagt, dass er einen Morgenspaziergang machte. Vielleicht waren sie bereits aufgewacht und fragten sich, wo er war.

Johann watete ans Ufer zurück und zog sich die Socken und Turnschuhe über die noch nassen Füße. Sie kribbelten warm und wohlig und so voller Frische, dass er glaubte, er könne jetzt doppelt so schnell rennen wie sonst. Vielleicht beinahe so mühelos wie vorhin das Eichhörnchen,

Bald kletterte er die Böschung empor. Oben war das Rauschen des Baches kaum noch zu hören. Und dann verschwand es ganz, weil ein anderes Geräusch es übertönte. Ratternd und sich nähernd. Ein Hubschrauber? Johann erschrak und sprintete los. Vielleicht war es ja Zufall, dass über diesem wilden Wald ein Hubschrauber kreiste, wahrscheinlich aber war es keiner.

Johann rannte an dem umgestürzten Riesenbaum vorbei, weiter und weiter, aber bis zur Höhle war es noch ein ganzes Stück. Das Rattern kam näher. Es klang nicht nur nach *einem* Hubschrauber. Das waren mehrere. Bald würden sie über ihm sein. Und jetzt gab es auch keinen Zweifel mehr, dass sie in Richtung Höhle unterwegs waren.

»Janka!!!!«, schrie Johann quer durch die Bäume. »Janka! Kurmo! Frau Tossiloooo!!!« Sie waren doch so lange geflogen und nicht verfolgt worden, da war Kurmo sich sicher gewesen. Wie nur hatten diese Leute sie gefunden? Woher wussten sie, dass der Drache dort vorne in der Höhle lag?

Johann spürte ein Stechen in den Seiten, aber er wurde nicht langsamer. Er stolperte und fiel, rappelte sich wieder hoch und lief weiter. Weiter liefen auch seine Gedanken. Immer wieder ratterten sie um das Woher? Woher? Woher?

Er rannte in die Höhle. Viel dunkler war es hier, und die

Geräusche von draußen drangen kaum hinein. Im hintersten Winkel schlummerten Janka, Kurmo und Frau Tossilo. Friedlich und ahnungslos.

»Wacht auf«, keuchte Johann. »Wacht sofort auf! Wir müssen weg!« Er rüttelte Janka an der Schulter. Sie wollte sich grunzend auf die andere Seite drehen, doch Kurmo und Frau Tossilo waren gleich wach.

»Was soll das?«, grummelte Frau Tossilo und setzte sich hoch, »nimm deinen Computer, wenn dir langweilig ist, aber lass vernünftige Wesen nach den gestrigen Anstrengungen in Ruhe ausschlafen.«

»Da draußen ist alles voller Hubschrauber. Die haben uns gefunden!«

»Was?«

In Sekundenschnelle waren sie auf den Füßen.

»Sofort weg!«, rief Janka.

Kurmos Schwanz schnellte um Frau Tossilo, Janka und Johann gleichzeitig und hob sie auf seinen Rücken. Noch während Johann durch die Luft gewirbelt wurde, sah er auf Kurmos Schwanz einen fremden hellen Fleck. Sieht aus wie die Kreise, die entstehen, wenn man einen Stein ins Wasser wirft, dachte er, und dann zuckte er zusammen. Auf seiner Stirn brach kalter Schweiß aus.

So einen Fleck bekommt man doch von diesem komischen Pulver, das Black West International herstellt.

Als Frau Tossilo damals den Anruf von Black West erhalten hatte, hatte Johann sich ja schlaugemacht, wer oder was dieser Konzern eigentlich war, und dabei hatte er sich auch ein wenig die Produktangebote angesehen.

Peilpulver
Sendestaub auf Titan-Wasserstoff-Basis

Wird ein Objekt mit Peilpulver versehen, durchdringt es dessen Struktur binnen zwölf Stunden.
Dieser Prozess wird auch Strukturfraß genannt.
Ist der Strukturfraß vollzogen, sendet das Pulver die Position des Objekts im Mikrosekundentakt.
Auch für Pflanzenüberwachung geeignet.
Achtung: Peilpulver ist nicht entfernbar!!!

Unter dem Text war das Foto eines Arms einer Versuchsperson gewesen. Auf dem Arm war ein Fleck gewesen, der gleiche Wasser-Kreise-Fleck wie jetzt auf Kurmos Schwanz.

Johanns Atem setzte aus. Kurmo musste von diesem Pulver gestreift worden sein. Es hatte sich in ihn gefressen und seine Wirkung entfaltet. Von nun an würde Black West International den Drachen also immer finden können. Überall! Es gab keine Höhle, kein Haus, keinen Winkel, die ihm Schutz bieten konnten.

»Es geht los. Duckt euch, und haltet euch gut fest«, rief Kurmo jetzt und bewegte sich in Richtung Höhlenausgang.

»Warte!«, rief Johann. »Wir können nicht mehr fliehen. Du brauchst dich nicht umsonst zu verausgaben.«

»Spinn nicht rum!«, fauchte Frau Tossilo.

Aber Johann zeigte hastig auf den Fleck und erklärte den anderen, was dieser bedeutete.

»Dann werde ich kämpfen!«, sagte Kurmo. »Schließlich bin ich ein Drache und keine Samtpuppe. Bleibt hier drin. Ich muss hinaus und sie empfangen.

»Nein!«, rief Frau Tossilo. »Nein. Das lass ich nicht zu. Du mit deiner dünnen Haut und ohne richtige Kraft, du bist doch schutzlos gegen deren Geräte. Gibt es in dieser Höhle keinen Hinterausgang? Herrgott nochmal, weshalb sind wir gestern Nacht nur hier hineingegangen?«

»Ein Hinterausgang hilft doch gar nichts«, rief Janka aufgewühlt. »Haben Sie das nicht verstanden? Die können uns orten! Wir können uns nicht verstecken! Nirgendwo auf der Welt!«

»Aber wir könnten ja vielleicht schneller sein«, beharrte Frau Tossilo verzweifelt.

Ein ohrenbetäubender Krach drang in die Höhle hinein. Als ob große Äste brachen, einer um den anderen, und auf den Boden schlugen.

»Vielleicht«, rief Johann plötzlich. »Vielleicht gibt es doch einen Ort.« Er hielt seinen Laptop wie ein Schutzschild vor seine Brust. »Hier drin. Aber ich weiß nicht, ob es funktioniert. Und auch nicht, ob man das gesund übersteht. Ich habe es ja noch nicht ausprobiert.«

Eine nahe Erinnerung blitzte durch Jankas Kopf. Wie Kurmo, Johann und sie im Wohnzimmer auf Frau Tossilo gewartet hatten. Wie Johann ihnen das Computerspiel gezeigt hatte. Das mit dem violetten Berg. Er hatte erzählt, dass er dort einen Eingang gebaut hätte. Und dann hatte er Janka die Einhornfigur holen lassen. Es war zwar nicht mehr dazu gekommen, aber jetzt war sich Janka sicher, dass Johann das Einhorn in den Berg hatte hineinraumen wollen.

»Du meinst, wir gehen in das Spiel?«, sagte sie leise, eher wie eine Feststellung denn wie eine Frage.

Johann nickte. Er hatte sich nie vorgestellt, dass er eines Tages Menschen, geschweige denn einen Drachen in das Computerspiel hineinraumen würde. Er hatte lediglich an Sachen aus seinem Zimmer gedacht, an Gegenstände, an kleine Dinge.

»Worauf warten wir?«, fragte Frau Tossilo.

»Los«, rief Kurmo.

»Meint ihr wirklich?«, hakte Johann nach, und alle drei nickten.

In den Höhleneingang fiel ein Schatten. Dann rote Laserpunkte, die suchend über die Felswände nach hinten glitten.

»Mach schnell, Jo!«, rief Janka. »Mach schnell! Lass uns hier weg! Sonst ist es zu spät!«

Plötzlich waren alle Bedenken und alle Angst in Johanns Kopf verschwunden. Es gab nur noch ihn und seinen Laptop, auf dem seine Finger zu rasen begannen. Sein Puls beschleunigte sich, sein Atem stockte. Für einen Moment sah er auf. Er musste sie alle vier samt dem Rechner erfassen, das durfte nicht schiefgehen. Da sah er über Jankas Fuß einen Laserpunkt kriechen. Es blieb keine Zeit für Fehlersuche. Er drückte auf *Enter*.

43
Secret Silence

Ob die Luft in dem Raum, den sie soeben verlassen hatten, zusammengeschlagen war, ob es in der Höhle laut geknallt hatte, konnten sie nicht sagen, denn sie waren ja schon nicht mehr dort. Janka hatte geglaubt, es würde sich besonders anfühlen. Sie würde vielleicht irgendwo hineingesaugt werden, hindurchgequetscht, gepresst, oder sie bekäme keine Luft mehr oder einen Schwindelschock, aber nichts von alledem war eingetreten. Es war so spektakulär, wie wenn man auf einem Küchenstuhl sitzt, und im nächsten Augenblick sitzt man immer noch auf einem Küchenstuhl.

Sie fanden sich auf einer pyramidenförmigen Anhöhe

wieder. Die eine Seite der Anhöhe schimmerte weißlich-violett, die anderen bläulicher und etwas dunkler. Janka, Johann und Frau Tossilo saßen unversehrt auf Kurmos Rücken und hielten sich immer noch gegenseitig fest. Ungläubig starrten sie auf das, was sich unter ihnen erstreckte.

Eine seltsam schöne Landschaft. Ein Gebirge, mit lila-blassblauen Bergen und schneebedeckten Wipfeln. Weiter hinten gingen die Berge in Hügel über und dann in eine leuchtende Wiese. Mildes Licht fiel auf eine lindgrüne Grasebene, dann gab es einen atemberaubenden Farbverlauf in dunkleres Grün dort, wo der Wald begann. Nebelschwaden schwebten davor.

Zu hören war hier fast nichts, und auch die Luft schien sich kaum zu bewegen. Es gab keine Insekten, die herumschwirrten, summten oder sirrten. Es gab keine Vögel, die trillerten.

Jankas Blick fiel nach unten auf Kurmos Körper. Er war ja ganz weiß. Und was schimmerte dort am Hals? Pixel oder waren das wieder Schuppen? Vielleicht ja eine Andeutung davon. Seine filigranen Tentakel jedoch waren verschwunden. Und auch sonst sah der Drache irgendwie sehr kahl aus.

Janka blickte an sich selbst hinunter. Sie erschrak. Obwohl sich ihr Körper eigentlich ziemlich normal anfühlte, sah sie doch eher aus wie eine Trickfilmfigur als wie sie selbst.

»Johann!«, stieß sie hervor und zuckte zusammen.

Ihre Stimme klang fremd und flach. »Das, das …«

»Wir sind anscheinend angekommen«, stellte Frau Tossilo nüchtern fest. Sie hatte sich schon wieder gefasst. »Geht es euch gut? Es hat ja wunderbar geklappt. Sehr gut, Johann.«

Johann, dessen hellroter Umhang, den er jetzt trug, sich von seinem angespannten Gesicht ziemlich abhob, erwachte aus seiner Starre. Er glitt von Kurmos Rücken hinunter und machte ein paar ungelenke Schritte. Abrollen konnte man diese Füße nicht, aber man kam normal voran.

»Wo werden wir wohnen?« Frau Tossilo sah sich suchend um.

»Wohnen?«, rief Janka erschrocken.

»Wie lange werden wir denn hier bleiben?«, schnaubte Kurmo und scharrte mit den krallenlosen Füßen über den Boden.

Johann zuckte mit den Schultern, jedenfalls versuchte er es. Von außen sah man nur eine Verschiebung am roten Umhang.

»Ich weiß nicht«, murmelte er. »Wichtig ist doch erst mal, dass wir hier sicher sind.« Aber dann ließ er den Blick über die Hügel wandern, so als suche er wirklich einen Ort, an dem sie wohnen könnten.

Wäre Janka nicht schon blass gewesen, wäre sie es jetzt geworden. So aber sah man nichts von ihrem Schrecken.

Vielleicht wackelten die Kulleraugen ein wenig. Frau Tossilo bemerkte es dennoch sofort.

»Ihr beide könnt doch sofort wieder zurück nach Hause. Ein Klick und ihr seid hier wieder weg. Ihr seid schließlich nicht von dem Peilpulver getroffen worden. Niemand von den Black-West-International-Leuten weiß, dass es euch überhaupt gibt«, sagte sie liebevoll.

Janka nickte langsam und rutschte nun auch von Kurmos weißer Flanke auf den steinähnlichen Boden. Sie war durcheinander, aber jetzt war sie auch erleichtert. Sie waren gerettet. Heil und gerettet, und niemand konnte ihnen folgen. Und im Bruchteil einer Sekunde würden sie wieder zu Hause sein.

»Kurmo und ich, wir werden wohl eine Weile hierbleiben. Nicht wahr, mein Schatz?« Frau Tossilo klopfte dem Drachen den Hals, dann wandte sie sich wieder an Johann. »Hilfst du mir mal hier hinunter? Kurmo ist ja nun viel kleiner, aber trotzdem.«

»Versuchen Sie es ruhig selber, es geht hier ganz leicht«, antwortete Johann.

Frau Tossilo rutschte also auch vom Drachenrücken. Es war wirklich einfach. Sie klopfte sich ihren pinken Umhang ab, zupfte an ihrem pinken Kopftuch herum und schnallte ihren pinken Gürtel enger. »Gibt es hier eigentlich Nagellack?«, wollte sie wissen.

Johann verzog den Mund zu einer Art Lächeln und schüttelte den Kopf. Dann wandte er sich an Janka.

»Ich mache dir einen Vorschlag. Wenn du willst, raume ich uns auf der Stelle zurück nach Hause.«

In Jankas kugeligen Augen blitzte sofort Zustimmung auf, doch Johann war noch nicht fertig.

»Aber überleg es dir noch mal. Mama und Papa sind doch gar nicht da. Wir wären völlig alleine. Hast du darauf Lust, nach alldem?«

Nein, allein sein, das wollte Janka jetzt nicht unbedingt.

»Und Frau Tossilo und Kurmo werden auch nicht im Stockwerk unter uns sein. So richtig zu Hause wäre es also gar nicht. Aber was hältst du davon, wenn wir es morgen machen? Mama und Papa kommen so gegen sechs Uhr von der Ostsee zurück. Um Punkt sieben raume ich uns vor unsere Wohnungstür, wir klingeln, sie machen auf und nehmen uns in die Arme.«

»Du hast ja recht«, seufzte Janka. »Wahrscheinlich ist es besser, wenn wir hier alle zusammen warten.«

Johann trat nahe an den Abhang heran, hob einen blauen Stein auf und ließ ihn hinunterkullern. »Ich dachte eigentlich nicht an warten. Ich dachte eher an die Gegend erkunden und so.«

»Kann man denn mit diesen Füßen richtig gehen?«, fragte Janka und sah skeptisch an sich hinab

»Versuch es doch einfach mal«, ermunterte sie Frau Tossilo, die schon abmarschbereit war

Janka machte einen Schritt. Und noch einen. Es war ungewohnt. Der Fuß setzte mit der Spitze zuerst auf, nicht mit der Ferse. Außerdem war jeder Schritt exakt gleich lang. Janka konnte ihn nicht kleiner oder größer machen. Doch schwierig war das Gehen tatsächlich nicht.

»Aber ist es hier nicht gefährlich?«, fragte sie noch etwas bang.

»Quatsch«, lachte Johann. »Das ist ein lustiges Spiel. Ein schönes. Kein Kampfteil.«

Janka zögerte immer noch. Da rieb Kurmo seine weißen Nüstern an ihrer Schulter, zog seine Mundwinkel nach oben und schubste sie ein wenig. *Du hast mich vor Black West International gerettet, da werden wir doch leicht und locker mit dem, was in so einem Spiel auftaucht, fertig*, schien er zu sagen.

»Also gut«, nickte Janka schließlich.

Nacheinander rutschten sie den Pyramidenberg hinunter. Dann stapften sie zwischen den glatten bläulichen Flächen hindurch. Der Weg wand sich schmal mal hierhin, mal dorthin. Er war ziemlich eben, aber Frau Tossilo machte es trotzdem Spaß, ein wenig darüber zu murren, dass diese spitzen Stiefel einfach das falsche Schuhwerk für solch eine Expedition seien.

Sie ließen das Gebirge hinter sich und marschierten über sanfte grüne Hügel. Mit einem Mal wurden sie von einem Schwarm Glühwürmchen umringt. »Klicklicht«, riefen die kleinen Flieger, schwirrten auch schon wieder davon, und eine zarte Musik war plötzlich aus der Ferne zu hören.

Janka, Frau Tossilo und Kurmo sahen sich erstaunt um, aber Johann gluckste. Er kannte die Musik. Sie ertönte immer, wenn man einen Level gemeistert hatte. Jetzt dämmerte ihm erst langsam, was hier soeben passiert war. Er hatte es geschafft! Nicht nur, dass er sie gerettet hatte, sondern dass sie nun wirklich und echt in einem Computerspiel waren. Dass *er* sie hineingeraumt hatte.

»Wir müssen weiter«, sagte er.

Als sie den Wald erreichten, gaben die Bäume freundlich knarzende Töne von sich. Ihre wulstigen Wurzeln räkelten sich ein wenig in der Erde. Und zwischen ihren hellen dicken Stämmen ließ sich ein Schimmern ausmachen.

Frau Tossilo berührte mit ihrer Schulter Johanns Schulter und griff nach Jankas Hand. Kurmo pustete allen dreien seinen warmen Atem in den Nacken.

»Hallooo?«, rief Janka in den Wald hinein. »Wir kommen!« Ihre Stimme klang nun schon viel voller, und gemeinsam wanderten sie dem Schimmern entgegen.

Ende von Teil eins

Das Abenteuer von Janka, Johann, Frau Tossilo und Kurmo ist noch nicht zu Ende.
Halte Ausschau nach ›Drachenleuchten‹!

DANKE

Der erste Teil von ›Drachenerwachen‹ ist fertig. Aber ich bin es noch nicht, denn ich möchte mich noch bei all denen bedanken, die mir dabei geholfen haben, dass meine geschriebenen Zeilen zu einem Buch werden.

Natürlich bei Marko, meinem Mann, Gefährte und Freund, und bei Zuzsa, meiner tollen Tochter. Die beiden haben sich alle möglichen, oft seltsame Versionen von Kapiteln angehört. Sie haben mich ermutigt und mit ihrer gesunden Mischung aus Begeisterung und Kritik dazu gebracht, dass ich nicht das Handtuch werfe.

Dann bei meiner unglaublichen und wunderbaren Lektorin Helga Preugschat. Ihre Begeisterung ist mitreißend und ihr Optimismus beruhigend, und ich bin sehr froh, dass sie mit mir zusammenarbeitet.

Mein nächster Dank geht an meinen geheimen Agenten Michael. Denn ohne ihn wäre ich nie so schnell in einem so tollen Verlag gelandet.

Auch dem ganzen Team vom Fischer Kinder- und Jugendbuch Verlag danke ich. Für die Geduld, Ausdauer und Freundlichkeit und dafür, dass sie meine Geschichten in die Welt bringen.

Und als Letztes danke ich all euch Kindern, die ihr meine Bücher lest, zu meinen Lesungen kommt, mir Briefe schreibt und macht, dass meine Buchfiguren lebendig werden.

»Der Drache entkommt uns nicht. Wir können ihn orten. Überall auf der Welt!«

Die Geschwister Janka und Johann haben bei ihrer Nachbarin Frau Tossilo einen echten Drachen entdeckt. Mitten in der Großstadt! Es ist der Beginn einer Freundschaft und eines unglaublichen Abenteuers. Denn bald kommt ihnen der Konzern Black West auf die Spur, der seinen Drachen um jeden Preis zurückhaben will. Auch mit Gewalt. Johann gelingt es in allerletzter Sekunde, Janka, Frau Tossilo, den Drachen und sich selbst in ein harmloses Computerspiel zu beamen. Doch die phantastische Welt des Spiels ist viel gefährlicher, als es scheint ...

Valija Zinck
Drachenleuchten
Mit Vignetten von
Annabelle von Sperber
304 Seiten, gebunden

Weitere Informationen zum Kinder- und Jugendbuchprogramm der S. Fischer Verlage finden sich auf *www.fischerverlage.de*

»Valija Zinck ist eine aufregende neue Stimme unter den Geschichtenerzählern dieser Welt.«
Cornelia Funke

Seit Penelop denken kann, ist ihr Haar so grau wie das ihrer Oma. Doch daran hat sie sich längst gewöhnt. Genauso wie daran, dass sie schon vorher weiß, was ihre Mutter im nächsten Moment sagen wird. Oder daran, dass es an ihrem Geburtstag immer regnet – der Regen sie aber seltsamerweise nicht nass macht. Doch eines Morgens wacht Penelop auf – und ihre Haare sind plötzlich funkenrot! Penelop spürt eine nie gekannte Kraft in sich. Sie weiß gar nicht, wie ihr geschieht: Die funkenroten Haare scheinen das Abenteuer wie magisch anzuziehen …

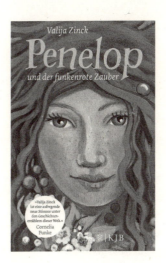

Valija Zinck
Penelop und der funkenrote Zauber
Mit Vignetten von Annabelle von Sperber
256 Seiten, gebunden

Das gesamte Programm gibt es unter
www.fischerverlage.de

Ein kühner Plan ...

Seit Penelops Haar über Nacht funkenrot geworden ist, verfügt sie über magische Kräfte. Sie kann Gedanken lesen, mit der Straße sprechen – und sogar fliegen! Als eines Tages eine Einladung zu einem Ferien-Zaubercamp ins Haus flattert, sind Penelop und ihre Freundin Gina überglücklich. Sie malen sich aus, was sie alles lernen werden, und planen ihre erste gemeinsame Reise. Kurz vor der Abfahrt erhalten sie plötzlich die Nachricht, dass Mädchen nicht mehr am Zaubercamp teilnehmen dürfen. Das lassen sich Penelop und Gina nicht gefallen und schmieden einen kühnen Plan ...

Valija Zinck
Penelop
und die zauberblaue Nacht
Mit Vignetten von
Annabelle von Sperber
272 Seiten, gebunden

Weitere Informationen zum Kinder- und Jugendbuchprogramm der S. Fischer Verlage finden Sie unter *www.fischerverlage.de*